擇日風水問答錄

继大師 著

《擇日風水問答錄》

繼大師著

自序

繼大師

自從二〇一四年（甲午年）由〈榮光園文化中心〉開始出版本人的著作以來，至今（二〇一七年）有不少讀者朋友們電郵來詢問各種不同問題，亦有風水界的師兄弟及朋友們在手機WhatsApp裏提出各種不同的問題，本人皆一一作答，問題中可分為：

（一）擇日上遇到的問題及與天星擇日派別的分別……。

（二）風水理氣上的問題。如：元運如何計算、陰陽雌雄、三元內外盤的問題、如何「審氣、收山、出煞、收水。」……。

（三）風水巒頭（形勢）上的問題。如：陽宅納氣看窗口還是看門口、何謂貪峰誤向、穴前「一凸」的吉凶、如何是離鄉砂、石上是否有結穴、賴布衣的風水學理、廟宇的結地、「北辰」與「羅星」的分別、「捍門」及「華表」的功能及如何找到好風水的陽居……等。

筆者繼大師所解答的問題，全部都是個人過去的心得經驗和寶貴的心要口訣，亦有一篇《古今中國風水的發展及演變》及筆者對風水的感想作。本書命名為：

各讀者可以透過各種不同問題，更加瞭解擇日、風水及擇日與風水的關係，祝各位學有所得，是為序。

繼大師寫於香港明性洞天
丁酉年潤六月吉日

（一）擇日十問

（1）問：祭主是否即是福主？人命是否亡者的出生年？

繼大師答：是的，祭主即是福主，聘請風水師或擇日師的當事人。人命是指所有生人的出生年命，包括陰宅造葬者的陽世後人及福主，在陽宅方面，聘請風水師的福主及所有居住的人，在擇日用事的時候，都要計算其出生的年命干支。故「人命」指生人，亡者的出生年稱「亡命」，兩者有別，在選擇日課造葬陰宅時，亦不可沖亡命。

古代《正五行擇日法》的配用法有三種：

一 是以人命或亡者的「出生年干支」作為擇日相主的對象。

二 是以人命或亡者的「出生八字喜忌」為擇日相主的對象。

三 是以人命或亡者的「出生八字日元」為擇日相主的對象。

筆者繼大師承　呂師傳授，以第一種，用人命或亡者的「出生年干支」加上人命的「胎元及命宮」作為擇日相主的對象。

（2）安葬先人的坐山未能與先人的出生年相配怎麼辦？

繼大師答：安葬先人在陰宅祖墳時，最重要的，是山墳要得到地氣，其向度要生旺，縱使不是大地，但切勿犯上巒頭及向度之煞，此點最為重要。

至於其碑墳的坐山未能與造葬先人的出生年的干支相配，這是次要，若兩者相配，造葬先人直接接收墳穴所得地氣的吉凶而影響到後人的運程，吉則大吉，凶則大凶，若兩者不相配，亡命只是不能單一地全部接收墳穴之氣，但墳穴得地氣，就不是凶地，縱使不能全部接收地氣，也不致招凶。所以坐山與葬者亡命不能配合，只是福份接收較少，不會影響吉凶。

（3）安葬或安放先人的日課，是否要考慮坐山，先人年命和祭主年命三方面的五行？

繼大師答：擇日安葬先人，無論是土葬或安放在骨灰龕位，先量度墳地及骨灰龕位的坐山，要在沒有磁鐵影響之下才算正確。

首先向度要生旺，這是風水上的問題，但擇日則以日課的貴人祿馬及干支五行生旺坐山的五行，再配合祭主人命生年，及亡命的生年，這為之「扶山相主」。

安葬或安放先人的地方，它的坐向，有時候是沒有選擇的空間，只要向度生旺就可以，若兩處地方都合生旺向度的話，可以考慮它的坐山五行，選擇一個能相配的坐山。

請注意，生旺之向是地運，安座的時間，是時空的運，兩者的五行要相配，縱使是旺向，但適逢坐歲破方（大耗），則要等待適合的時間安座，避開歲破方的時煞。

在擇日安座亡者時，坐山、先人年命和祭主年命，三方面的五行都要配合，以羅盤中的廿四山干支及四隅卦作為擇日的坐山五行，一切能配合最好，若不能配合，只要日課不「刑、沖、尅、洩」坐山、人命及亡命就可以，這就是地師的擇日功夫了。

（4）假若先人年支和祭主年支都是卯，是否不能在申及酉年安葬？因為金尅木？

繼大師答：先人及祭主生年地支是「卯」，適逢在「酉」年安葬，就是沖太歲，這未包括安葬地方的坐山，若坐山不沖酉年，只是沖先人及祭主生年，這最好避開在酉年造葬，若是在「酉」年非葬不可，那就要取「解神」之月造葬。

何謂「解神」呢？如丁酉年（2017）取「甲辰」月，則「辰、酉」合金，雖然因為

「丁」年干屬火，火剋金，故合得不堅固，但「辰、酉」合，則減去「酉年」支沖「卯年」人命及亡命的力量，但「辰、酉」合金則剋卯木命，所以日課之日、時支要取「水」的五行，如「巳日」「申時」，或「申日」「巳時」，使「申、巳」合水而生旺「卯年」命，日課天干亦要取水的五行，即是金生水，水生木是也，若能避免坐山在沖太歲之年造葬最好，非必要時，勿在歲破方動土。

若是在「申」年造葬，可取「巳」月，「申、巳」合水，亦生旺「卯年」命，其餘如此類推。亦有權宜之法，若「卯年」命生人祭主，一定要在「酉年」造葬先人，這造葬之坐山並非「歲破」方（卯方），這是祭主「沖太歲」，而可以在造葬的時辰，個別離開現場，待造葬完畢後始回來。

（5）擇日重山不重向，要坐山旺，那麼申或酉山的日課是旺金，但祭主和先人年命均是寅卯，那麼旺山的日課「金」是否不合用？

繼大師答：「擇日重山不重向，要坐山旺。」在這裡筆者繼大師要澄清一下，擇日要扶「坐山」，「坐山」要旺，這是指「擇日扶山」而言，若以風水而言，則坐要「衰」，向要「旺」。

「申或酉山的日課是旺金，祭主和先人均是寅卯年命。」這需要擇日造葬去「扶山相主」，必要時祭主在造葬時離開現場，被免沖犯，若造葬之年支沖「亡命」年支，則要用解神之月化解，如「申年」造葬「寅年」亡命，則要取「巳月」，以「申、巳」合水而生旺「寅」木，又使「申」支不沖「寅年」亡命，其餘如此類推。

（6）日課四柱本身不能多過一個七煞外，還要看先人及祭主年命干支對照日課是否有多過一個七煞嗎？

繼大師答：是的，日課四柱八字的天干，不可尅山命、人命及亡命等，日課地支亦不能沖山及人命，然而地支沖力大於天干的尅力，所以容許天干有一個七煞出現。

七煞為：庚尅甲，甲向前數七位為庚，所以名「七煞」，故庚為甲之七煞。

辛尅乙，故辛為乙之七煞。
壬尅丙，故壬為丙之七煞。
癸尅丁，故癸為丁之七煞。

甲剋戊，故甲為戊之七煞。然而戊屬中央陽土，是沒有坐山及向度的，只能對戊人命及亡命而言。

乙剋己，故乙為己之七煞。然而己屬中央陰土，是沒有坐山及向度的，只能對己人命及亡命而言。

丙剋庚，故丙為庚之七煞。

丁剋辛，故丁為辛之七煞。

戊剋壬，故戊為壬之七煞。

己剋癸，故己為癸之七煞。

若山命或人命是「甲」干，則日課四柱天干不可出現多過兩個「庚」干，此為之剋山命，其餘如此類推。

（7）二十四節氣前一日不宜用事，那麼節氣當天能用事嗎？

繼大師答：「節」為每個月令的分界線，「氣」為每個月令的中間點，故為之「中氣」，一般擇日古籍中，只提到「立春、立夏、立秋、立冬。」前一天為四絕日。「春分、夏至、秋分、冬至。」前一天為四離日。因為是四季分界的交接日，及四季中心的分隔日，是陰陽未定之時，是「前節氣絕。後節氣生。」氣絕之日不能用事。

除四絕日及四離日不能用事之外，擇日古籍雖未提及到各節氣日的前一天不能用事，但筆者繼大師依理推算，各「節」之前一日，是上個月已完，新的一個月開始，故有「氣轉」之意，如「寅月」轉「卯月」同屬木，「巳月」轉「午月」同屬火，「申月」轉「酉月」同屬金，「亥月」轉「子月」同屬水，筆者繼大師個人認為其地支五行不變，只是陰陽不同，故在「卯月、午月、酉月、子月」交節的前一天不為忌，其餘交節的前一日，要考慮它所交入下一個節的五行氣是否剋山及人命，這些都是繼大師的心得經驗。

至於「中氣」前一日，則可以用事，因為「中氣」是每個月的最中間的一日，就算是「中氣」前一日，都沒有離開該個月份，故可以用事。「中氣」是計算個人出生時「胎元」的干支而使用的。

「節」的當天，若是已經交了節，屬於新一個月的開始，則能用事，但若當天時間未到交節的時辰，則作上個月計算，若昨天是「四絕日及四離日」，而今天用事時間未到交節的時辰，則同等視為「四絕日及四離日」看。

（8）日課要考慮四廢日嗎？

繼大師答：「正四廢日」是：

春——寅、卯、辰月——庚申、辛酉日
夏——巳、午、未月——壬子、癸亥日
秋——申、酉、戌月——甲寅、乙卯日
冬——亥、子、丑月——丙午、丁巳日

四廢日可見於通勝內，出現四廢日的月份，必定在「孟、仲」兩月內，「辰、戌、丑、未」月不忌，理由是：

「寅、卯」月被「庚申、辛酉」日所沖尅。
「巳、午」月被「壬子、癸亥」日所沖尅。
「申、酉」月沖尅「甲寅、乙卯」日。
「亥、子」月沖尅「丙午、丁巳」日。

若是依《正五行擇日法》的「生、尅、刑、沖」及各基本五行擇日理論，合乎生旺，能扶山相主，及生旺結婚的當事人，這就是擇日的技巧，〈正四廢日〉是固定的說法，合乎生旺，避開刑沖尅洩，則在四廢日用事亦可以。通勝內註有〈四廢日〉，只是提醒擇日用事的人。各讀者可參閱繼大師著《正五行擇日秘法心要》第六章〈正四廢日之禁忌〉（34頁）榮光園文化中心出版。

（9）「辰、戌」地支在天干上沒有貴人，如何填補這缺陷？

繼大師答：「辰、戌」兩地支為天羅地網位，故貴人不臨，（請參閱繼大師著《正五行擇日精義初階》榮光園文化中心出版，第十八章〈天羅地網辰戌位貴人不臨之原理〉第90頁）雖然沒有貴人，但我們可以使用它的「天德吉星」。

天德吉星原理如下：

以天干的六合關係，取陽天干的五行，與地支三合五行中的墓庫地支關係，則那天干就是該地支的天德。即是：

天干「丁壬」合化木，取「壬」陽水，地支「申、子、辰」三合水局，「辰」為水的墓庫，兩者同屬水，則「丁、壬」天干為「辰」支的天德。

天干「丙辛」合化水，取「丙」陽火，地支「寅、午、戌」三合火局，「戌」為火的墓庫，兩者同屬火，則「丙、辛」天干為「戌」支的天德。

除了「辰、戌」二土支外，「丑、未」二支同樣也有天德，亦同時有「甲、戊、庚」為其天干「天上三奇」貴人。

天干「甲己」合土，取「甲」陽木，地支「亥、卯、未」三合木局，「未」為木的墓庫，兩者同屬木，則「甲、己」天干為「未」支的天德。

天干「乙庚」合金，取「庚」陽金，地支「巳、酉、丑」三合金局，「丑」為金的墓庫，兩者同屬金，則「乙、庚」天干為「丑」支的天德。

因為「丑、未」二支有天干「甲、戊、庚」為其貴人，所以考慮使用「天德吉星」則屬於其次。可參閱繼大師著《正五行擇日精義高階》榮光園文化中心出版，第卅一章〈辰戌貴人不臨日課課例及配法〉第121頁。

（10）日曆上寫上「大吉日子」的那天，是否做何事情都適宜呢？

繼大師答：我們選擇日子，必須符合「扶山相主」的原則，若非落葬，日課要以用事的當事人出生年命相配，能生助人命則吉，沖剋人命則凶。筆者繼大師舉一例子如下：

於陽曆 2017-9-3 星期日那天，日曆寫上「上吉日子」，剛逢打上三號風球，相信擇日遇上打風，這都是意料之外，亦有擇日師取此日課在新界大帽山川龍落葬棺木，這日課四柱如下：

丁 酉　年
戊 申　月
癸 巳　日
丁 巳　時

繼大師把日課分析如下：

（一）此日課本身年、時為「丁」天干，「戊」月「癸」日天干五合化火，故四天干全是火，火氣熾盛。

（二）地支「酉」年、「申」月屬金，月、日「申、巳」支六合化水，時支亦是「巳」，地支由年支生向月、日支，金生水，故水大旺，「戊」月干之祿到「巳」日、時支。

（三）日課本身地支金生水而剋天干旺火，年、日之「丁」干的陽刃到日、時之「巳」支上，幸好月、日「申、巳」地支六合化水，「申」支為「丁」干陽刃「巳」的解神。

筆者繼大師認為「巳」日與「巳」時同一地支，故「丁」干之陽刃只到「巳」時支上，「丁酉」太歲年屬於「甲辰」旬，「辰、巳」為太歲的空亡地支，故「丁」干之陽刃屬於輕微性，可以接受。

（四）日課年、時兩「丁」干的貴人到「酉」年支上，「癸」日干的貴人到日、時之「巳」支上，「巳」時是貴人時，「丁」時干剋「癸」日干，又是「五不遇」時。

總而言之，日課雖然有貴人及化合水火之氣，但無奈天地相剋，「癸巳」日納音五行屬水，遇上三號風球，已經是很幸運的事了。此日課可配「丁巳、己巳、丙申」人命及「巳」山山命，「丙午」人命次之。忌配「亥、寅」人命及山命，其次是忌配「卯」命，因沖「丁酉」太歲。

此日宜：祈福、祭祀、會友、訂婚、納采、嫁娶、移徙、開市、交易、修造、動土、上樑、安牀、作灶、栽種、納畜。

此日忌：詞訟、遠行、除靈、成服。

此日若取申時，日課四柱為：

丁酉　年
戊申　月
癸巳　日
庚申　時

若用「庚申」時則少了一個「丁」火天干，地支仍然金水旺，這兩個日課，以第二個日課有五個金水及三個火，尅力減少而較為溫和。

筆者繼大師認為日課本身的好壞，除決定日課本身的沖尅外，對於沖尅人命或山命，自然容易造成凶事，所以日曆上的大吉日子，對於不同的人，吉凶不同，但難就難在不能預知天氣的好壞，這要借助現代科技，在用事前留意天文台預測的天氣報告，這樣較為完美。

曾經有位擇日師擇了像這樣格局的日子給一位官員的秘書使用（工作地方小裝修），其後該秘書獲榮譽獎狀，最後光榮退休。

但當天（巳時黑雨）非常大雨，結果同一時間，同一單位內的另一位官員的兒子，因豪雨在家中附近慘遭意外而亡，這就是說明「上吉的日課」對於某些人是大吉，但對於某一些人是大凶。此乃真人真事！日課內藏玄機，五行之數，不可逃也。

《本篇完》

（二）可否舉一安座先人骨灰龕位日課課例？

繼大師舉一例如下：

有祭主「己亥」年生人，欲安座「庚山」之骨灰龕位，先人亡命為「乙丑」。

陽居生人分別為：戊申、癸酉、辛丑、甲辰、丁未、丁丑。

擇於陽曆 2017 年 11 月 5 日（星期日）農曆 9 月 17 日申時（4:00pm）日課四柱為：

丁酉　年
庚戌　月
丙申　日
丙申　時

日課四柱八字分析如下：

（一）日課地支「申、酉、戌」三會金局，日課「庚」月干及「庚」山之祿到日、時「申」支上，日課天干月祿歸日及時，日課四柱八字佔了五個金，兩個「丙」干及一個

「丁」干，共三個火，雖然有三個火，但未能剋倒五個金。

所以仍然同旺「庚」山，及生旺「己亥」年祭主生人，雖然日課天干火剋地支金，但對於祭主而言，日課天干「丙、丁」火生旺「己」土，日課地支「申、酉、戌」金生旺「亥」水人命。

（二）日課「丁」年干及兩個日、時「丙」干之貴人到本身日課的「酉」年支上，及到陽居生人「癸酉」年命支上，祭主「己亥」及亡命「乙丑」的天干貴人到日課的日、時「申」支上。

（三）日課地支「申、酉、戌」沖「寅、卯、辰」人命，唯一日課「庚戌」月沖陽居生人「甲辰」命，但日課月支之力量屬次一等，可以在安座儀式時「甲辰」命人不在現場出現，其餘各陽居生人並沒有「寅、卯」人命。

（四）此日課為農曆9月17日申時，剛好太陰星在此日臨「庚、酉」二山，為「太陰到山」，太陰星即「斗母元君」，雖然要在「酉」時始出現月亮光華，若在「申」時而天色晴朗之下，若天晴則可以看見月亮，對於「庚」山而言，亦一貴也。

其實，在這種情況下，可以選擇日子的空間不多，昔逢這天是星期日，若放設在政府公眾大廈內的骨灰龕位，一般假期是休息的，這要留意上位日期是否能如期舉行，然而擇日日課以避開沖尅人命為主，得貴人祿馬，能扶山相主就是好日子！

《本篇完》

（三） 為何通勝上班煞日都宜動土及安葬呢？

繼大師答：通勝上適宜動土及安葬的日子，俗稱「好日」，大部份的格位都是印刷較濶，並且用紅色字印上天乙貴人的干支，及當日的神煞，不懂得擇日的人，一見該日子如此印刷，便認為是好日子。

通勝在吉日的編排上，該日地支一般都是與月或年的地支成三合局，或日支是年、月干的貴人，或吉神，而每日的時辰中，都有日干的貴人時，不過通勝在編排吉日上，把它誇大，用紅色印刷，以示吉日。

但是在另一方面，該日同時又是「班煞日」，其口訣是：**「春子秋午。夏卯冬酉。」**

例如 2017 年陽曆 10 月 22 日，日課干支是：

丁　酉　　年
庚　戌　　月
壬　午　　日
乙　巳　　時　（為天乙貴人時）

此日是丁酉年農曆九月初三日巳時，適逢秋天（農曆七、八、九月）「午日」是班煞日，（見繼大師著《正五行擇日精義進階》十九章 — 第112頁，榮光園文化中心出版。）

此日有吉神如下：「歲德、歲祿、三合、天喜、不將。」壬午日天干的貴人在卯、巳時。

此日宜：「祭祀、祈福、入學、會友、出行、訂婚、納采、嫁娶、移徙、醫病、開市、交易、修造、動土、上樑、安牀、作灶、開倉、成服、安葬。」

此日忌：「開渠、放水、苫蓋、新船進水。」

庚戌月壬午日，「午」日與「戌」月半三合火局，故吉神為「三合」。

巳、酉、丑年的「金月天德」在「庚」，故「庚」在戌月的吉神為「歲德」。

丁酉年的「丁」天干，其祿在「壬午」日的「午」地支上，故有吉神為「歲祿」。

丁酉年的「酉」支，其「紅鸞」在「午」，對宮的「天喜」在「子」。

該日有「不將」吉神則宜嫁娶，「三合」則百事吉祥，「歲德」則古時宜上官拜表進疏，即向皇帝啟奏表文，「歲祿」則易得財帛、俸祿、求財等，「天喜」則宜嫁娶或辦理吉慶的事。

雖說日子有什麼吉神，就有利於做什麼事，但原則上是不可沖當事人的生年干支。筆者繼大師認為「班煞日」是對擇日師或地師不利，若用事日課正沖地師，尤其是在陰宅落葬現場，對地師甚為不利，地師宜避開，不在現場出現。

所以在通勝上的日課出現「班煞日」，會同時出現「宜動土、安葬」，不同的神煞，是對不同的人或事物而言，包括陰陽宅的坐向等，擇日師或地師宜小心處理。

《本篇完》

（四）本人從未學習過任何風水八字命理等知識，不知如何從初階中學習，還望指點一二。

繼大師答：有興趣學習術數，雖不致於「護國」，最好用於「守家」，用擇日及風水來守護自己及家人，使避開凶險，達到趨吉避凶的目的。

要研究五術學問：

（一）首先不是為名為錢，不要以此為職業。

（二）要資糧具足，衣食無憂及有時間學習。

（三）要時常有正念、善念，不可貪圖酒色財氣，能守風水的戒律。

（四）要有智慧分析力，能分辨學問的真偽。

（五）開始學習其間，要能在卅歲至卅五歲之間，這是最適合的年齡。

（六）最重要是得遇明師，本身又能敬師、重法、務實地學習，明師又能大公無私的傾囊傳授，經過長時間，至少十年八年，始能得到大部份的風水真正口訣。

學習陰陽二宅風水及擇日等五術學問，全部講因緣的，風水祖師楊公，曾在**《都天寶照經》**說過：**「父子雖親不肯說，若人得遇是前緣，天下橫行陸地仙。」**

像一張白紙來學習是最好的，沒有受過污染，不要低估自己資質愚昧，只要努力鑽研，假以時日，必有所成。

首先，你將【正五行擇日初階】順序由第一章看起，小心謹慎地看，此是擇日的數據資料，是基本功夫，按部就班學習，能將時間轉換成天干地支的八字數據，記着它的陰陽排序，六十花甲的排列組合，五行的相生相剋。

擇日初階及中階，是一套完整的擇日基本功，自己可努力鑽研，定能找出頭緒，每一章都詳讀，記其重點，假以時日，必有所成。

《本篇完》

（五）七政四餘中的十干化曜是如何得出？找尋古藉也找不到，這原則如何定出？

繼大師答：蔣大鴻先師在《天元歌》〈第五章〉內有〈七政四餘〉的原理，可看《相地指迷》（武陵出版 ─ 第 61-71 頁），為天星擇日的基礎功夫。這並非干支子平法，亦非造命訣，名「渾天寶照」的天星擇日法。

元、耶律楚材曾著《乾元秘旨》，言天星選擇之法，備極詳細。天星擇日法有《宿曜經》、《七政四餘》、《回回曆選擇法》、《天元烏兔經》、《弧角天星法》等，你可作參考書看看。

至於〈十干化曜〉就沒有詳細解釋，你可從紫微斗數裏面，或可找出部份答案，亦可在網絡上尋找。

由於唐朝至今，已經超過一千一百多年，《七政四餘》內的星宿與地球位置已經變動了，暫時未發現有術數家把它的宿度位置重整，很抱歉，本人繼大師未曾正式研究過《七政四餘》，故此本人在《七政四餘》天星擇日法中，只用「太陽、太陰」到山、到向、到方，配合《正五行擇日法》使用。

《本篇完》

（六）究竟從古代風水學理中的巒頭與理氣上，是否有天星一脈？不只是三元一脈，其後的三合一脈的學理，是否把三元一派的部份學理改變而出現新一派系？

繼大師答：風水學理中的「巒頭」與「理氣」，與「天星一脈」是兩回事，〈天星〉是「擇日法」中其中一個法門，是輔助風水的擇日法，與風水有關係，但並非是風水學問。

蔣大鴻先師曾強調，風水以真穴為主，其次配合立向分金吉度，再次者是用擇日法遷葬，蔣氏認為以天星擇日法擇日，其氣較清明，力量較大，甚至選用到特定的時、分落葬，其準確度較高。蔣氏又認為，正五行造命擇日法擇日，其氣比天星擇日法為濁，但容易學習使用。

蔣氏在授弟子張考廉**《七政四餘之天星擇日法》**時，曾一再強調：**「巒頭若不佳，理氣不合，天星亦無用，巒頭為本，理氣為末，天星擇日，末之又末也。」**

風水有巒頭及理氣等學問，兩者缺一不可，等於音樂樂器演奏家，要懂得音樂理論，能看樂譜，及同時具有演奏技術能力一樣。

三元一脈，理氣用六十四卦定吉凶，每卦六爻，共三百八十四爻，用於立墳碑向度，以《地理辨正疏》為主要經典，以廿四山分陰陽五行，用廿四山五行配合擇日落葬，以楊公的《正五行擇日造命法》為主要經典。

三合一脈，以元朝國師劉秉忠先生所著《平砂玉尺經》為宗，以廿四山及將廿四山推前半格及推後半格，得七十二格立向分金，又有120格龍分金，劉秉忠先生精於易卦風水，但不想洩露天機，故用刻板的方法，演繹立向之機，俾使後人有一個固定的方法，不至於犯上空亡及煞向，擇日亦以**《正五行擇日造命法》**為主。

張心言地師在**《地理辨正疏》**卷末**《三合源流》**中云：**「余既將秘旨盡情道破。則三合源流不得不逐一分疏。蓋創是説者。當有高人。既得真傳。不肯輕洩浪示。而以呆板死格。傳中智以下之徒。俾之不見小就給衣食耳。其流弊至今。」**

張氏解釋云：**「而巳辛丁癸之向。見乾坤艮巽之水。在三合沐浴方謂之殺人黃泉。不知乾坤艮巽均為一九分界之處。」**

至於三合家主要經典**《平砂玉尺經》**內又尊崇廿四山納甲之法，並言：**「乾納甲，坤納乙……」**等，這種說法顯然是「固定格局」，由於作者又怕世人得訣後，恐易立廿四山正針而致犯煞，所以作者在審向篇說：

「射破生方向。少差而就絕。衝傷旺位。針一轉以從衰。」

但無論「三元派」或「三合派」的學理，都是方向、方位的範疇，與風水巒頭形勢的學問，完全是兩種學問，先能懂得覓真龍真穴之地，後以方位及方向配合，再擇日建造，就是風水的全部。

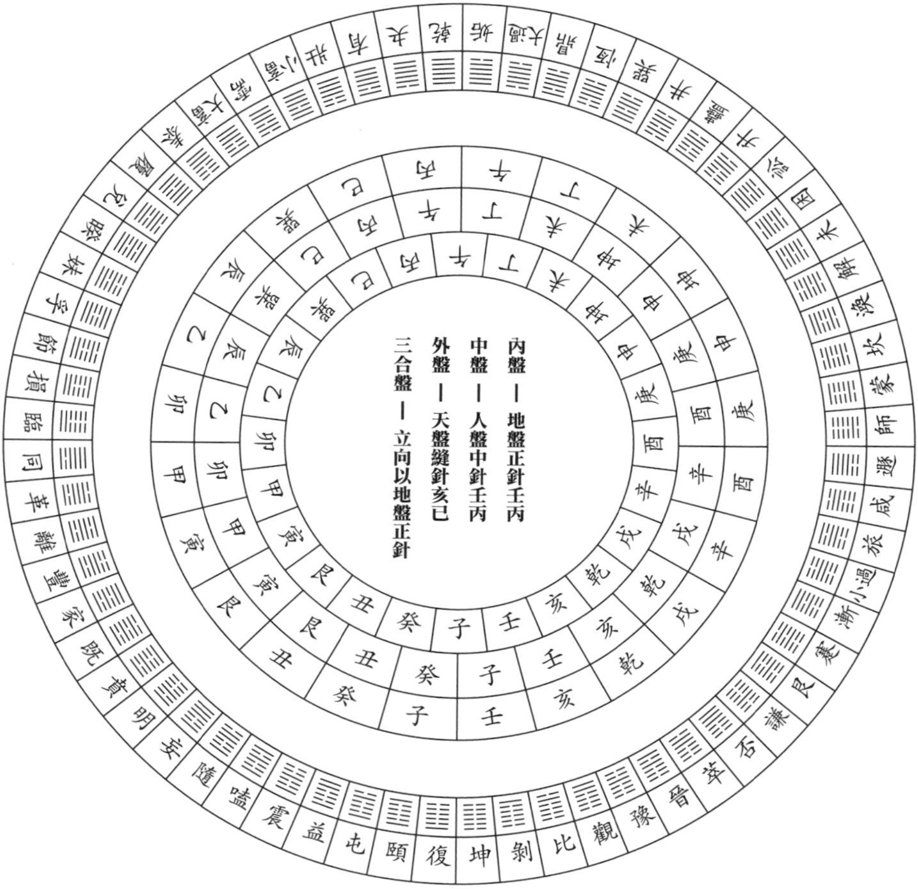

外盤是三元元空六十四卦之外盤（即天盤）
內盤為三合盤之、內、中、外層二十四山盤
三合家用三合地盤正針立向為準

《本篇完》

（七）本人相信繼大師講解風水基本結構，穴位巒頭為首要，次要是理氣，但不知理氣當中在某時刻的宿度，與行星對地球之地理穴位的影響，是否也有莫大關係？

繼大師答：「宿度」是星辰在特定時間內加臨360度的方位上，稱為「天圓」。穴位的地理是以地氣為重，穴位有方向，稱為「地方」，故言「天圓地方」。

一個是地球表面的位置（方位、方向），一個是地球以外的星球位置而對地球產生引力而影響吉凶（時間、空間），無論你用何種擇日法（天星或正五行擇日），若錯誤擇上凶日，都是犯時間上的煞，其力量不及地氣的煞氣大。

你所說的理氣，不是真正定吉凶的理氣，而是理氣（方位、方向）在時間上與星宿而產生吉凶的關係，無論落葬或重修陽宅，以坐山方為主，這指用事時間而言，若你沒有好的地理，更好的時間用事，也一樣招凶。

真正的理氣，是方向配合巒頭山水而產生尅應，而並非無緣無故在某時某刻的宿度，各大行星磁場對地球上的地理穴位有影響。其正確理念是：

穴地先有吉凶（以巒頭位置配合方向而定吉凶），當時間（廿四山干支）行到坐山、向度及坐山方的三合方，則「吉應吉，凶應凶。」這指剋應的時間而言，而天星的時間會影響到整個地球的氣運，並非單指某穴地而言。

細微的天星擇日法，不止是以二十八宿度取太陽到山到向，亦可以太陽到山到向在六十四卦任何一卦上，最細微的配取，是太陽以384爻中的每一爻的位置，逐爻到山到向，細玩自明。

《本篇完》

（八） 在《天元秘旨》一書中，作者説天星（七政）擇日取時空的宿度和太陽到山到向，配對地理上的理氣，有最重要的吉凶決定因素，閣下説明巒頭理氣和方與位的吉凶是優先最重要，星宿（時空）吉凶對巒頭吉凶是第二重要來配合的，這樣令我困惑。何解呢？

本人對閣下説明從地球磁場對人的影響之邏輯，倒是大於天星的想法是讚成的，但想深一層天星宿度的吉凶磁場對地球影響範圍大，理應巒頭理氣和方與位的吉凶和天星宿度以及卦氣都是同樣重要的，巒頭理氣和方與位的吉，但遇上天星宿度凶，結果會可能吉凶並見。

因此，後輩不材，還望繼大師指正。再者，本人相信繼大師懂正五行擇日、風水，必會精於子平八字，因本人學藝未精，還望繼大師指導。

繼大師答：

（一） 384 爻是逐爻配以造葬的坐山選擇在該時辰內何分鐘來擇日落葬，並非用作觀察吉凶。耶律楚材著的是《乾元秘旨》並非《天元秘旨》。

（二）以上是三合家用廿八宿定穴向吉凶的說法，還有一家用六十四卦配合廿八宿去推測吉凶及所尅應的事，這些秘本，本人也有。據我所知，此家在推測所尅應的事情上是非常準確的，但要配合六十四卦定吉凶，這是高手才可以的。

至於用廿八宿定穴向吉凶，本人不敢苟同，廿八宿是斷事用的，其宿度各有吉凶，但最重要的就是，它並非主導吉凶。而是穴前或陽居的前方朝向，用元空六十四卦向度，配合前方巒頭山水形勢而定吉凶。

《本篇完》

（九）閣下講解的六十四卦配巒頭理氣兼取太陽到山到向，是否指元空大卦那一派學理？

繼大師答：六十四卦配巒頭理氣兼取太陽到山到向，就是指三元易盤元空大卦。術數這門學問，真不簡單，給人批八字，是解人困厄，部份要承擔別人因果，尤其是風水這門學問，這卅年來，為助人，已經嘗盡苦頭，無形的傷痕，滿身都是。

教人也是，被徒弟拖累的事情很多，帶來麻煩、被指責、病痛、災難、運程不佳……多得很，甚至數次被出賣，若非苦修密法，現已不在人間了，此非本人職業，只是忠於這種學術研究。

以此為職業的人，功夫愈好，對人做得好，自己愈是受傷、受罪，甚至連累家人，功夫做得差，害了別人，製造業障，故職業地師，此生多數短壽、無子、多病痛或貧窮……等，非同小可，你可看看楊公、劉秉忠、劉伯溫、何野雲……等明師傳記就知道，網上可以查到，一目了然。

《本篇完》

（十）我對三元羅盤的內盤，外盤，有不明白的問題。我看書記述內盤是定尋龍、峯、砂。外盤是使用立向，尋找水口。因我有此問題，不能打破關口。

繼大師答：首先，三元元空大卦分為內、外兩種盤式，外盤又稱為「天盤」，是依照先天洛書數而排列，其原理解釋如下：

一個圓週，以南北為分界線，它屬於先天真氣，天之氣是週期性地運行，其六劃卦卦象有時間及元運在裡面，天之真氣由南至北而下，其運行軌跡，由正南方午位開始，先從左面下方排列，排至正北子位，為陽，跳回正南方午位，然後向右方排列至正北子位，為陰。故**《青囊經序》**云：

「陽從左邊團團轉。陰從右路轉相通。有人識得陰陽者。何愁大地不相逢。」

知道排列的順序位置後，再來就是依照卦序排列，以先天卦的排列為卦序，為**「乾。兑。離。震。巽。坎。艮。坤。」**洛書數為**「九。四。三。八。二。七。六。一。」**分出先天卦八大卦宮位置，每個宮位為四十五度，以此八大卦宮為各宮內八個六劃卦的下卦，上卦的排列次序與地卦卦宮相同，筆者繼大師發現每個宮位內八個六劃卦的下卦均是相同，於是產生了現時三元易盤外盤（天盤）六十四卦的排列次序。

內盤又稱地盤，它的運行方式與外盤剛剛相反，它的六劃卦卦象是屬於地運之氣，地氣由北至南而上，筆者繼大師發覺地盤是一個倒轉的太極，它的排列，亦是以南北為分界線，其流動軌跡，由正北子位開始排，先從右面排列，逆行右上排至正南方午位，為陽，跳回正北方子位，然後再向左方逆排至正南方午位，為陰。

地盤內各八大卦宮位，同天盤一樣，以先天卦排列，亦是依洛書數「九。四。三。八。二。七。六。一。」而行，依所屬之卦而排出八大卦的宮位，不過它與天盤剛好相反，地盤內依洛書數序列而排出的八大宮卦之卦，就是地盤每一宮位內的六劃卦的上卦，每一宮位內的下卦，亦分別依洛書數的序列而排出每個宮位的八個六十四卦，換句話說，每一宮位內八個卦的上卦均相同，於是乎，就形成現時三元易盤內地盤排列的六十四卦組合。

各位讀者可以拿著三元易盤附有內外天地盤的卦圖，細心察看，便可一目了然，筆者繼大師認為羅盤上的天地盤卦圖，根本就是兩個重疊的太極，一個順排，一個逆轉。天盤用於立向、收峰、開水口，即是「收山出煞」。古人風水明師楊筠松祖師著《天玉經》云：**「翻天倒地更玄玄，大卦不易傳。更有收山出煞訣，亦兼為汝說。」**

古人風水明師認為，水去則風來，水來則風去，水來吉，風來凶。**《風水口義》**曰：**「生氣之乘。視風水之去來。水去則風來。水來則風去。風來凶。水來吉。」**

所以在風水上的「出煞法」中，以水流流出煞位為吉，煞出則生旺之氣來，我們看看古時陽居四合院和廟宇的建築設計，他們在供奉祖先靈位處，或供奉佛菩薩處，正前方設計一天井，凹下去約一至二英呎，四週邊位是行人路，凹下去的平地邊位處，開一小孔，為人工出水口，把天井落下的雨水，從小孔中流出，配合卦理上的衰方，使煞水出衰方，生旺之氣自然入來，這就是古人在風水上的造作方法。

至於「收山之法」，各位讀者可觀看位於河北省東北部的遵化市 — 馬蘭峪鎮內，以昌瑞山峰為靠山的「清東陵」，它以孝陵為中心，內葬清世祖順治皇帝 —— 愛新覺羅 — 福臨（公元1638-1661年），從孝陵的石牌坊往前看，正收前方尖形文筆峰的金星山山峰，配合卦理方向，則出人高貴。

三元易盤羅盤，只用天盤收山出煞，故一般的小型三元易盤羅盤，因為體積較小，故只出現天盤六十四卦，不見地盤出現。地盤用於查閱地運及收山出煞等卦表，與天盤重疊出現時，可從天地盤的排列中，找出「格龍、收山、立向、放水口」的配合關係，故多作以查閱用途。

唐、丘延翰風水祖師著的《先後天理氣心印》，分為上、中、下共三卷，上卷演說太極圖、河圖洛書及先後天八卦的道理。中卷說太陰先天干支納甲、月亮盈虧的卦象、天星四垣及九星圖。下卷說廿八宿的仰觀圖及俯察圖，廿四山納甲法。

《先後天理氣心印》的內容，只說出易學的道理，並沒有把三元易盤的排法原理說清楚，看了它也不懂，因為文字說話隱晦，不容易明白。筆者繼大師著這篇文章，可算是公開三元易盤內外盤排列法的秘密，是真正的《理氣心印》，讀者熟玩自明。

《本篇完》

（十一）古代沒有羅經，如何使用那麼細微的64卦去分金立向安碑？

繼大師答：根據經書所說，在開天闢地時，伏羲氏在地上劃出一劃為陽，兩劃為陰，陰陽化生為太極，遠古有神馬在馬肚上現出河圖，夏后氏之時代，有神龜負書於洛水，龜背現出洛書，河出圖，洛出書，於是聖人出矣，此圖書被喻為易經中的骨幹。又大撓氏作甲子，把卦象佈於羅經盤上，由伏羲氏開始，經過文王、周公、孔子等共四位聖賢，將易經學說，發展得淋漓盡至。

易經可分為兩類，一是易學理論，用於做人、事物、算術及大自然的道理，二是以術數用於占卜人事、地物、風水的吉凶。前者為儒家所用，後者為術家所用，而風水的吉凶涉及方向及方位，唐朝的丘延翰風水祖師曾著有《先天後天理氣心印》一書，並獻給唐玄宗皇帝，內容全是河圖洛書的理論。

用於風水上的易經羅盤，經過無數代的發展，形成現在三元羅盤內外盤六十四卦排卦的次序，但在遠古時代，並沒有三元羅盤出現，這又如何立向呢？筆者繼大師在學習風水期間，此問題得到 呂師父解答。

原來，古代三元風水 64 卦羅盤的排列組合，是一個很大的秘密，不容輕易泄露，只傳入室弟子，當風水師與人家立向安碑時，取一個大碗，放於穴位上，內盛滿清水，然後放一張紙，紙上放一支針，將紙浮於水面，然後把紙輕輕的拿走，剩下一支針浮在水面上，針會跟著地球的南北磁場而自然轉動。

當針停定後，就是正正的南北向，風水師在大碗上拉線，將線的方向調整到和針之向度相同，再把線度定位，依南北正線，分出 8 份，再來 16 份、32 份，最後分至 64 份，筆者繼大師認為此即是 64 卦，然後依照 64 卦卦序，定出應該要立向的卦，配合穴位上的山巒形勢，得到所需要的立向卦線後，再將卦分為六份，以定卦爻向度。

古代的風水明師，使用黃金造的針與人立向，不會生銹，所以有「金針」之稱，立向又稱之為「分金」、「定針」，這種方法雖然繁複緩慢，但總有辦法定出適當的向度，事在人為，這在沒有羅盤的情況下，就可以不用羅盤而立向了。

《本篇完》

（十二）如何是陰陽雌雄？

繼大師答：談養吾先生著有《玄空六法》，其中一章是論「雌雄」（即陰陽），但《玄空六法》是以沈氏的〈玄空飛星〉為用，這不同於易盤64卦的用法，談氏玄空可以說得上是沈氏玄空的分枝，不同於蔣大鴻先師註，張心言地師再疏之《地理辨正疏》，但在論陰陽雌雄而言，具體上的說法是差不多的。

在八大卦中，以先天卦相對之大卦宮位，分出雌雄為配，這純粹以三元易盤六十四卦理氣上而言，並非指山川形勢，筆者繼大師解釋其八大卦宮位的陰陽雌雄如下：

（一）乾、坤卦——乾為天、為父，坤為地、為母，陰陽相配，故易經曰：「**天地定位**」。

（二）震、巽卦——震為長男，巽為長女，陰陽相配，故易經曰：「**雷風相薄**」。

（三）坎、離卦——坎為中男，離為中女，陰陽相配，故易經曰：「**水火不相射**」。

（四）艮、兌卦——艮為少男，兌為少女，陰陽相配，故易經曰：「**山澤通氣**」。

所謂雌雄相配者，如夫婦的關係，易經曰：「八卦相錯」。「相錯」之卦，就是合十夫婦卦的關係，其作用必是相對的。筆者繼大師解釋如下，例如以六十四卦的貪狼一運卦為例：

坐坤卦（子山），必定向乾卦（午向），為天地相配。

坐巽卦（未兼丁山），必定向震卦（丑兼癸向），為長男配長女。

坐離卦（甲山），必向坎卦（庚向），為中男配中女。

坐兑卦（辰兼巽山），必向艮卦（戌兼乾向），為少男配少女。

陰陽各有所配，各六十四卦的坐向中，亦是雌雄相配，坐山與向度，一定是合十夫婦卦，亦為陰陽相配。凡來龍與坐山，向度與水口，必須合得雌雄相配，來龍與向度，必須得旺，坐山與水口，必須得衰，配合上下元運，始能發旺。

三元易盤六十四卦羅盤，分出天盤和地盤，天盤即是外盤，地盤即是內盤，內外二盤，均是一個太極，有陰陽變化者始可以視為有雌雄，天盤是先陽後陰而排，由南方排起，地盤雖然亦是先陽後陰而排，但地盤由北方排起，是一個倒轉的太極。筆者繼大師認為兩個太極在不同方向作出順逆的排列，在同一個中心點上重疊，是天之氣和地之氣混合在一起，亦是陰陽雌雄合一的現象。

有一經上說：**「八卦定君臣。」**伏羲氏在地上劃八卦，一劃為陽，二斷劃為陰，有陰陽始可化生萬物，全合乎自然，所以有生生不息的現象，而三元易盤六十四卦羅盤的排列卦序，被編排在不同的位置上，得到天地間的磁場，產生不同的吉凶，萬物依此而生滅。古人又云：**「鬼神依八卦而行吉凶。」**因為八卦出於自然，自然而產生萬物，萬物全在這宇宙生滅之中。

中國古代聖經就是《易經》，全部都是陰陽雌雄的理論，由於雌雄交溝，於是化生萬物，筆者繼大師認為能夠使用及控制陰陽，吉凶就能掌握，這必須得明師傳心傳眼，方能明白風水的奧秘。

《本篇完》

（十三）如何計算元運？

繼大師答：談養吾先生著有《玄空六法》為「元運，雌雄，金龍，挨星，城門，太歲。」等六法，列為六章。

（一）元運與陰陽動靜——元運的計算方法。
（二）雌雄——即陰陽零正，收山收水的方法。
（三）大金龍（即來龍）位置與零神正神——正神及零神的使用法。
（四）挨星訣。
（五）城門訣——即水口口訣。
（六）太歲。

談氏玄空六法中的元運計算方法，分上下二元，每元90年，共180年，分為八運，以先天八卦三劃卦爻為計算的準則，陽爻算以九年運，陰爻算以六年運。其運算法如下：

上元一、二、三、四運

一運——後天北方坎宮為一運，先天為坤卦，三劃卦為三陰爻，每一陰爻計算六年運，3乘6共有18年運。

二運——後天西南方坤宮為二運，先天為巽卦，三劃卦為二陽爻一陰爻，每一陽爻計算九年運，每一陰爻計算六年運，2乘9加上1乘6，共有24年運。

三運——後天東方震宮為三運，先天為離卦，三劃卦為二陽爻一陰爻，每一陽爻計算九年運，每一陰爻計算六年運，2乘9加上1乘6，共有24年運。

四運——後天東南方巽宮為四運，先天為兑卦，三劃卦為二陽爻一陰爻，每一陽爻計算九年運，每一陰爻計算六年運，2乘9加上1乘6，共有24年運。

上列為上元「一運18年，二運24年，三運24年，四運24年，共90年運。」

下元六、七、八、九運

六運——後天西北方乾宮為六運，先天為艮卦，☶劃卦為一陽爻二陰爻，每一陽爻計算九年運，每一陰爻計算六年運，1乘9加上2乘6，共有21年運。

七運——後天西方兌宮為七運，先天為坎卦，☵劃卦為一陽爻二陰爻，每一陽爻計算九年運，每一陰爻計算六年運，1乘9加上2乘6，共有21年運。

八運——後天東北方艮宮為八運，先天為震卦，☳劃卦為一陽爻二陰爻，每一陽爻計算九年運，每一陰爻計算六年運，1乘9加上2乘6，共有21年運。

九運——後天南方離宮為九運，先天為乾卦，為☰陽爻，每一陽爻計算九年運，9乘3，共有27年運。

上列為下元「六運21年，七運21年，八運21年，九運27年，共90年運。」

八個元運，上下元各有90年，合計共有180年，稱為「小三元元運」，此為「二元八運」之說，談氏並沒有把中元五運計算在內。

有一種計算方法是有五運的，筆者繼大師隨恩師 呂師習卦理時，呂師說有一派別，它以五運前十年歸四運管，五運後十年歸六運管，各分上下兩元，每元一律管廿年，是為「二元九運」之說。

在**《地理合璧》卷五〈天元餘義 — 附摘錄雜説〉**（集文書局印行，615-616頁。）錄有蔣大鴻先生著的**〈九宮元運〉**內末段云：

「中元五黃運二十年。前十年寄四綠地。六白水。屬上元。後十年寄六白地。四綠水。屬下元。故此二十年分屬上下元。名為三元。實則止上下兩元耳。」

呂師又說，傳統九運的計算方法，是分開上、中、下三個元運，1、2、3為上元，4、5、6為中元，7、8、9為下元，每廿年為一個小元運。上元、中元、下元各有三個小元運，每三個小元運共有60年，為一個大三元元運。

一般人是用「小三元元運」計算，一個首都、國家、皇帝宮殿、主要神廟等，則用「大三元元運」計算，9乘60年一個大三元元運，共540年，此稱為「大三元元運」，清朝及明朝，各佔二佰多年，是為半個大三元元運，周朝八佰多年，為個半個大三元元運，故有謂「五佰年必有皇者興」之說，是為「三元九運」。

單單在三元卦理派別中，已經有很多種說法，所謂各師各法，要看其是否真正得到傳承真訣，這全在於緣份問題，亦是信念問題。

無論是「二元八運」、「二元九運」、「三元八運」、「三元九運」等說法，都離不開「時空元運」上的問題，可能全部都是正確，不過在使用上有分別而矣，正如風水祖師蔣大鴻先生所說，真訣並不錄之於書，必須心傳口授，得書不得訣，亦是枉然。

三元八運年運表　繼大師作表一

年運	元運		
18年	☷	一	上元
24年	☴	二	
24年	☲	三	
24年	☱	四	
21年	☶	六	下元
21年	☵	七	
21年	☳	八	
27年	☰	九	

三元八運年運表　繼大師作表二

年運	元運		
18年	☷	一	上元
24年	☴	二	
24年	☲	三	
24年	☱	四	中元
21年	☶	六	
21年	☵	七	下元
21年	☳	八	
27年	☰	九	

三元九運年運表 繼大師作表三

年運	元運		
20年	☷	一	上元
20年	☴	二	上元
20年	☲	三	上元
20年	☱	四	上元
10年	☱	五	上元
10年	☶	五	下元
20年	☶	六	下元
20年	☵	七	下元
20年	☳	八	下元
20年	☰	九	下元

三元九運年運表 繼大師作表四

年運	元運		
20年	☷	一	上元
20年	☴	二	上元
20年	☲	三	上元
20年	☱	四	中元
10年	☱	五	中元
10年	☶	五	中元
20年	☶	六	中元
20年	☵	七	下元
20年	☳	八	下元
20年	☰	九	下元

《本篇完》

（十四）如何決定元運中的收山收水？

繼大師答：來龍方及墳碑向度，在三元易盤六十四卦之中，以旺卦為旺，坐山及水口，以衰卦為旺，而立向之法，以面前山水而定，以後天卦配以先天洛書數，然後分陰陽依九宮作順逆排佈，流動的水為陽，順飛九宮。不動的山為陰，逆飛九宮。以當元元運入中宮，遁飛其餘各八大宮位。

若穴前方見水收水，則順飛各宮，以五黃所到之宮位為收水的零神卦宮。若穴前方見山收山，則逆飛各宮，以五黃所到之宮位為收山的正神卦宮，即是零神宮位的對宮為正神宮位。筆者繼大師述其計算方法如下：

一運以後天「坎、離」二卦為用，先天乾、坤父母卦為體，易經之中的「天地定位。」

一運收水——為北方後天卦屬坎，先天坤卦為一運，穴前收水為陽，是順飛，一為奇數入中宮順飛，五黃到後天離卦南方宮位，故後天離宮為一運之水。

一運收山——穴前收山為陰，是逆飛，洛書一數入中逆飛各宮，五黃到北方坎宮，故後天坎宮為一運之山。

二運以後天「坤、艮」二卦為用，先天「震、巽」二卦為體，易經所說的「雷風相簿。」

二運收水——穴前收水為陽，是順飛，洛書二數入中順飛各宮，五黃到後天東北方艮宮，故為二運收水的後天宮位。

二運收山——後天西南坤方宮位，先天為巽卦，洛書二數為偶數，入中宮逆飛，五黃到後天西南坤方，為二運收山的宮位。

三運以後天「震、兌」二卦為用，先天以「坎、離」為體，易經所說的「水火不相射。」

三運收水——穴前收水為陽，是順飛，洛書三數入中順飛各宮，五黃到後天西方兌宮，故為三運收水的後天宮位。

三運收山——後天東方震宮，先天為離卦，洛書三數為奇數，入中宮逆飛，五黃到後天震宮方，為三運收山的宮位。

四運以後天「巽、乾」二卦為用，先天以「兑、艮」為體，易經所說的「山澤通氣。」

四運收水——穴前收水為陽，是順飛，洛書四數入中順飛各宮，五黃到後天西北方乾宮，故為四運收水的後天宮位。

四運收山——後天東南方巽宮，先天為兑卦，洛書四數為偶數，入中宮逆飛，五黃到後天巽宮方，為四運收山的宮位。

五運為中宮位置，洛書數為「五十同途」，統領各元運，唯五運前十年歸四運管，五運後十年歸六運管，五運在中宮，則各八宮的先天數收山，合十之數收水，如一運後天離宮，其先天坤卦收山，後天坎宮，其先天乾卦收水，各宮均如此類推。

六運以後天「乾、巽」二卦為用，先天以「艮、兑」為體，易經所說的「山澤通氣。」

六運收水——穴前收水為陽，是順飛，洛書六數入中順飛各宮，五黃到後天東南方巽宮，故為六運收水的後天宮位。

六運收山——後天西北方乾宮，先天為艮卦，洛書六數為偶數，入中宮逆飛，五黃到後天西北方乾宮，為六運收山的宮位。

七運以後天「兑、震」二卦為用，先天以「坎、離」為體，易經所說的「水火不相射。」

七運收水——穴前收水為陽，是順飛，洛書七數入中順飛各宮，五黃到後天東方震宮，故為七運收水的後天宮位。

七運收山——後天西方兑宮，先天為坎卦，洛書七數為奇數，入中宮逆飛，五黃到後天西方兑宮，為七運收山的宮位。

八運以後天「艮、坤」二卦為用，先天為「震、巽」二卦為體，易經所說的「雷風相簿。」

八運收水——穴前收水為陽，是順飛，洛書八數入中順飛各宮，五黃到後天西南方坤宮，故為八運收水的後天宮位。

八運收山——後天東北艮方宮位，先天為震卦，洛書八數為偶數，入中宮逆飛，五黃到後天東北艮方宮位，為八運收山的宮位。

九運以後天「離、坎」二卦為用，先天乾、坤父母卦為體，易經之中的「天地定位。」

九運收水——為南方，後天卦屬離，先天乾卦為九運，穴前收水為陽，是順飛，九為奇數入中宮順飛，五黃到後天北方坎宮，故後天坎宮為九運之水。

九運收山——穴前收山為陰，是逆飛，洛書九數入中逆飛各宮，五黃到南方離宮，故後天離宮為九運之山。

除五運外，其餘八個元運均有正神及零神之用法，以正神收山，及零神收水，配合上、下二元元運而用。

正神之用法如下：

一運山用後天坎宮，先天坤卦，水要用後天離宮，先天乾卦。
二運山用後天坤宮，先天巽卦，水要用後天艮宮，先天震卦。
三運山用後天震宮，先天離卦，水要用後天兑宮，先天坎卦。
四運山用後天巽宮，先天兑卦，水要用後天乾宮，先天艮卦。

五運前十年歸四運管，五運後十年歸六運管。

六運山用後天乾宮，先天艮卦，水要用後天巽宮，先天兑卦。
七運山用後天兑宮，先天坎卦，水要用後天震宮，先天離卦。
八運山用後天艮宮，先天震卦，水要用後天坤宮，先天巽卦。
九運山用後天離宮，先天乾卦，水要用後天坎宮，先天坤卦。

零神之用法如下：

一運水用後天離宮，先天乾卦，山要用後天坎宮，先天坤卦。
二運水用後天艮宮，先天震卦，山要用後天坤宮，先天巽卦。
三運水用後天兑宮，先天坎卦，山要用後天震宮，先天離卦。
四運水用後天乾宮，先天艮卦，山要用後天巽宮，先天兑卦。

五運前十年歸四運管，五運後十年歸六運管。

六運水用後天巽宮，先天兑卦，山要用後天乾宮，先天艮卦。
七運水用後天震宮，先天離卦，山要用後天兑宮，先天坎卦。
八運水用後天坤宮，先天巽卦，山要用後天艮宮，先天震卦。
九運水用後天坎宮，先天坤卦，山要用後天離宮，先天乾卦。

在**《地理合璧》卷五〈天元餘義 ── 附摘錄雜説〉**（集文書局印行，第617頁。）錄有**〈遁五黃到方〉**一文，內云：

「河圖洛書。以五十居中。而九宮亦以五黃為極。凡立穴定向。必要取五黃所到之方

。必要收五黃所到之水。以五黃居中為主。能領袖八方也。

如上元一白當令。即以一白入中。調佈五黃在離。故要收離水到穴。下元七赤當令。即以七赤入中。調佈五黃在震。故要取震水作主。五黃得令。寄旺於艮坤辰戌丑未。而以五黃入中。調佈此八方之水。餘可類推。」

決定元運宮位的收山收水，筆者繼大師認為是根據此段**〈遁五黃到方〉**一文而成立的，是以元運配合山水，定出後天卦宮所屬，即是本文開始所述，一運以後天「坎、離」二卦為用，先天「乾、坤」二卦父母為體，故一運要收後天離水及坎山到穴。下元七赤要取後天震水作主，以後天「震、兌」二卦為用，先天「坎、離」二卦為體，故下元七運要收後天震水及兌山到穴。

在**《地理合璧》卷五〈天元餘義 — 附摘錄雜說〉**（集文書局印行，第613-615頁。）錄有**〈先後天八卦體用相需〉**一文，內云：

「河圖洛書。相為表裏。先天後天。體立用行。而元運出焉。分先天四陽卦的上元。如上元一白坎當令。必需離方水者。離乃先天乾位。乾為父。故為第一。而一六共宗。故六白乾為照神。……

先天四陰卦為下元。中元六白。乾必當令。必取巽方水者。巽乃先天兑位。兑為少女。故為第六。而一六共宗。故一白坎為照神。……」

這裏有牽涉到正神、零神、照神，另外還有催神，據筆者繼大師的認知，有「零、正、催、照」四種衰旺的現象：

正神山——旺運的正神卦收山。（合卦向）

正神水——旺運的零神卦收水。（合卦向）

催神山——次旺而數合的收山正神卦。（合卦向）

催神水——次旺而數合的收水零神卦。（合卦向）

零神山——煞運的零神卦收山。（卦不合）

零神水——煞運的正神卦收水。（卦不合）

照神山——次煞運而數合的錯誤收山零神卦。（卦不合）

照神水——次煞運而數合的錯誤收水正神卦。（卦不合）

總說一句，無論收山或收水，收得正確的，為正神及催神。收得錯誤的，為零神及照神。若要得真訣，這必須正如蔣大鴻祖師在**《玉函真義》**（武陵出版社出版**《相地指迷》**內第八頁）的序文中說，向其師父無極子拜師學藝，云：「**今數應及子**（無極子對蔣大鴻說）。**運啟後賢。傳之匪人。祗為禍耳。於是告盟三天**（的無極子舉行拜師儀式，「三天」指卅三天。）**長跪敬受。**……」

這**「傳之匪人」**，指不能傳給心術不正的人，否則自己得禍，非說笑而已，這是非常嚴格的。

元運山水表 繼大師表 丁酉仲秋

年運	先天卦	後天卦	元運	元運山水
20年	☷ 坤	☵ 坎	一	上元收山 下元收水 （九十年）
20年	☴ 巽	☷ 坤	二	
20年	☲ 離	☳ 震	三	
20年	☱ 兌	☴ 巽	四	
10年			五	
10年				上元收水 下元收山 （九十年）
20年	☶ 艮	☰ 乾	六	
20年	☵ 坎	☱ 兌	七	
20年	☳ 震	☶ 艮	八	
20年	☰ 乾	☲ 離	九	

《本篇完》

（十五）收山出煞訣，你有沒有驗証過，或替福主辨過事？寫了卅多部書的繼大師，「千里江山一向間」你造得到嗎？亞麥自愧未能辨到！

繼大師答：楊筠松風水祖師著**《天玉經》〈內傳下〉**說：**「更有收山出煞訣，亦兼為汝說。」**呂師父給人家重修雄鷹拍翼穴，墳坐甲山，壬方鷹頭，你們（指同界的各師兄弟）記得嗎？考察了不少墳穴，更証驗了「收山出煞訣」，呂師父所說的風水學理，我們要去實踐，不只是讀經書。

下個月（2017 年 8 月），本人（繼大師）只出版了八本書，其餘的，會慢慢來，自己寫書覺得是樂趣就是，不是要為什麼而寫，有多本是不出版的，只傳徒弟。

卅多本不算多，由 1998 年至今已經近 20 年了，卅多本是少的。寫書不是要人認同你的想法和理論，最重要是你本人要瞭解自己，得不得，自己知，如人飲水，冷暖自知，不需要同人比較，亦不需要任何人去認同，做一點事情在人間，不枉此生。人生就是在夢幻之中寫書，什麼也帶不走啊！哈哈，借假修真。所以不要太認真。

至於「千里江山一向間」，全憑「審氣」功夫，談氏玄空有六法，繼大師知道有審氣七法，如禪宗祖師的偈：「見山是山。見水是水。見山不是山。見水不是水。見山還是山。見水還是水。」加上「水底必具道眼。」頭兩句偈是基本法，後者是變通之法。無論陽宅或陰墳，其向度非常重要，秀峰山巒，配合水口方位，吉凶立見，這就是收山出煞訣。

筆者繼大師記得在最後一次上風水課堂時，呂師只派了一張卦紙筆記，內有收山出煞訣，簡單略述了一遍，就完成所有課程，其餘的秘訣，就靠自己去追尋。

老實說，筆者繼大師到目前為止，立向之法，還未曾全面拿捏及完全掌握，難怪蔣大鴻風水祖師用了十年時間去學習無極子的風水學問，再用十年時間去付諸應用，為了精益求精，又再用了十年時間去考察帝皇宮殿、大宅、仙都、名山大川、名門望族祖墳等，前後總共花了卅年時間，時年已經差不多七十多歲了，始能內外無惑，心中全無疑慮，古人學藝的恒心，精神可嘉，令本人敬佩。

《本篇完》

（十六）問：陽宅納氣看窗口還是看門口？

繼大師答：有人認為現代陽宅風水，應該是以窗口來看吉凶，他們的理由是：「古代門口和窗口是同一個向度，而且門常開，門和窗在風水納氣上並無分別。但現代人入屋會把大門關上，氣無法由門進入屋內，而窗口就終日打開，能夠納氣，所以應該用窗向。」

此說法看來好像合理，若細心分析，便知道其中原理。古代大多數是平房屋的建築，門口和窗雖說多數是同一個向度，同一個山景，但亦有例外。首先，窗口是由室內向屋外望去，是觀景地方，是直接影響到屋內居住的人，所以能納屋外生氣。

第一，平房村屋的門口可分兩種，第一種門口，由屋外露天地方，直接入有蓋的房屋室內。第二種門口，是平房村屋的建築範圍內，露天地方的門口，稱為「圍門」，經過圍門入房屋的大門進入室內。

平房村屋風水的屋門，行人直接進出屋內外，故影響至大，村屋的窗口，收納屋外山巒的生氣，影響到屋內居住的人，兩者均對居住者有影響，陽居窗口及門口的風水，均能直接影響吉凶，故兩者都要兼看。

至於現代大城市高樓大廈的陽宅風水，窗外山巒固然重要，但它不是單位居住者的出入口，但是大廈內各單位的大門，是居住者進出的氣口，甚為重要，故兩者同樣要兼顧，這全在向度及方位上去定吉凶，因為大廈內各單位的設計是固定的，能夠改動的空間很有限，這全憑地師擇地的眼力及修做風水的造詣了。

在平房村屋的風水改動上，空間較大，這陽宅圍門的門口，和進入房子屋內的大門，很大機會是不同向度，所以平房村屋門口在風水的設計上，可以有很多變化，如：

（一）圍門與屋門同向。

（二）圍門與屋門向度相差九十度。

（三）隨意的圍門向度，以收山出煞為主。

那麼，圍門的修造，在風水上又有什麼準則呢？一般風水明師在勘察平房村屋時，先量度屋門向度是否正確，若方向不佳，可以修改圍門的位置及向度，以彌補屋門失向之處，這裏面有很多風水技巧。原則上，陽宅在納氣上，要把窗口和門口同看，兩者都要兼顧。

《本篇完》

（十七）經云：先審來龍後定向是必然的，龍砂穴水會隨元運而改變嗎？

繼大師答：

（一）風水師首先要懂得尋龍點穴，能夠找出來龍的到頭一節脈氣，量度後得知它屬於何山何卦的來龍。

（二）然後到穴上，看看前方是否有特朝之山峰，若是真穴，一定有特朝，再用羅盤量度向度，看看是收何卦。

（三）再看穴前大局天然水口在何方位，若沒有，則是水聚天心局，若有天然水口，則記錄之。

（四）來龍——到頭一節的來龍方向。

水口——天然大局水口之方位。

向度——以特朝之山定出穴之立向。

坐山——有向則自然有坐山，是合十夫婦卦，因為坐、向是相對的。

若無天然水口，則以墳穴本身在唇托邊造人工出水口，其方位以真穴之向度相配之，這是：

「向度配水口。坐山配來龍。」來龍要旺，坐山要衰，龍山合陰陽。穴向要旺（正收堂局），水口要衰，向水合陰陽。龍與水合十，山與向合十。

向與水及龍與山要不出卦，名為「自庫」，亦有一六共宗、二七同途、三八為朋、四九為友，稱為「借庫」，亦是謂之「不出卦」。山法、水法盡在其中，何需三合之固定版，毋須理它左旋右旋，合數及衰旺則吉，不合則凶。

龍山向水有它的元運，以來龍到頭入首一節為主，有上元運、下元運、上元兼下元的雙山雙向元運及下元兼上元的雙山雙向元運共四種。

若是來龍踏煞線而來，則多是假龍，若是真龍，則在到頭一節上找出吉利位置，用龍神碑立上吉向，去改變它的煞氣，化煞為權，並選取吉度，配合造葬時的元運。

若在下元時間，造葬下元兼上元運的來龍，則立向取下元兼上元的雙山雙向元運卦爻線度，必定收到穴前特朝之山峰。

若收不到穴前特朝，則証明龍穴是屬於上元兼下元運，那麼，穴之立向，仍然要取下元元運兼上元的雙山雙向元運卦爻線度，毋須理會穴前的特朝山峰。但是，這証明一點，就是：

「真龍結穴前的特朝山峰，是決定龍穴的所屬元運。」

除非是假穴，否則真穴一定是這樣的呈現方式，去決定它的元運。

真龍結穴處，是天生自然的，元運也是定數，不可改變，原則上，上元元運龍，造回上元元運之卦。下元元運龍，造回下元元運之卦。但也有權宜之法，如：

（一）下元元運龍，在上元時間造葬，立回上元元運之卦，當時間到了下元元運時，在轉下元元運那年，在大寒至立春期間，重新立回下元元運卦線。

（二）下元元運龍，在上元時間造葬，可用七星打劫法，立向取上元卦運，但未必每卦龍穴都可以這樣造，但時間一到回下元，亦要重新立回下元卦運向度，否則就是打刼煞龍之氣運，所以天地是最公平的了，風水輪流轉，大公無私，真的是「皇天無親，唯德是輔。」

龍砂穴水是固定不變的，但隨元運而改變，只是時運的吉凶而矣。例如：

（一）當造葬在真龍結穴上，所蔭之後人，就因穴地巒頭的吉凶影響其一生，命好運好。

（二）當造葬在失元的真龍結穴上，所蔭之後人，聰明才智兼備，人材出眾，但一生命運坎坷，生不逢時，懷才不遇等。

《本篇完》

（十八）貴人峯，案山水口會自動移動嗎？

繼大師答：貴人峯，案山、水口等，都是穴前的山巒，會影響穴位所蔭出的後人，若不是遭到人為的破壞，基本上是不可能會自動移動。

水口有兩種，一是穴前大局最低的出水口處，以水口的方位，去左右穴的吉凶，名為「水口管局」。

第二種是墳穴唇托邊位，開水口出水，是為人工水口，是造葬功夫之一，古云：「煞出則旺氣入。」是為出煞口訣。

穴前可見的貴人峯、案山等，收到與否，均與墳穴立向有關，吉凶尤重，故楊公有「收山出煞訣」，須得明師心傳口授不可。

《本篇完》

（十九） 何謂貪峯誤向？

繼大師答：凡造葬祖墳，以墳墓及墳碑的立向最重要，影響吉凶，其原則是：

（一） 穴前有秀峰特朝，若在穴之正前方，則可立向收之。此為之「正收」。

（二） 穴前有秀峰在穴之左右，但在穴上可見，則穴立向于正前方，雖然並非正對秀峰，但穴向與秀峰有關係，如三合家所説的「納甲」口訣：乾納甲。坤納乙……等。三元家則是合數，此為之「兼收」。

若是只顧對正秀峰，便說能夠收之，則可能墳墓碑向的向度完全歪斜不正，不合自然，形成有「形煞」，影響吉凶。

其次是，碑墳雖然正對秀峰，但當逢立上煞線，如黃泉八煞，又或是立上失元煞運線度，以致影響穴的後人而出凶事，這稱為「貪峯失向」，都是大凶之象。

《本篇完》

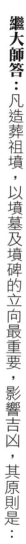

（二十）自動墓碑可轉向，青山綠水永長留，只是人事變遷而矣！你的想法如何？

繼大師答：當年是本人給亞劉的主意，我說風水上、下元衰旺輪流轉，如果你能在下元立旺向運，到上元運時，你可以將墳碑轉移向度，向左或右移至一至兩個卦，而不需拆除原有的墳碑，能解決這問題，便可以隨時調校向度，未幾他即向有關人等提出，並設計了可以360度及高低電子調校的墳碑。

這樣的設計理念，在風水上來說，與拆除舊碑墳而重建新的，在吉凶受氣上是有分別，繼大師分析如下：

重建新的碑墳 —— 一般在公墓內，當舊碑墳拆除後，之前碑墳受吉凶的尅應立斷，氣已全脫，當重新建造碑墳後，其向度之吉凶重新由前方納入，故此碑墳受氣快，吉凶立見。

可轉向的自動墓碑 —— 在一般香港的公墓內，墳墓與墓碑，在正常情況下是向度一致的，但若是只得墓碑轉向，而墳墓不轉向，則墳墓仍然是舊向，與墳墓相連而在左右相夾之墳墓砂手，其向度仍然是舊向，左右相夾之砂手，其原有向度會控制墓的吉凶，這等於沒有轉向，除非墳墓與左右相夾之墳墓砂手一同轉向，始可以解決此問題。

其二，舊碑墳已經沾染穴上地氣良久，用回原有碑墳去轉向，其磁場比較難轉變，原來的納氣向度，未能即時適應，轉向納氣，需時較長。

以上兩種方式，只適用於元運交接的時間上修做，若是因為穴前山水有改變影響吉凶，而將碑向轉到另一個元運的卦氣上，這是愚蠢的做法，因為當穴前山水有改變時，山水零正即時錯收，吉凶立刻影響其後人，根本防不勝防，除非全天候二十四小時看守墳墓，否則根本沒有可能。

記得筆者繼大師曾見一戶人家，其村屋後門正收一倉庫平土山，艮向，有一天，鄰居在他家的後門口前面，只相隔一鐵絲網，用兩層貨櫃箱，正正橫放在他的後門口前方，遮擋前方旺氣入門，當發現時，已經來不及挽救，結果家中三人手腳均同在三日內跌傷，吉凶立應，之後，立刻封門。

結論就是：**「用可轉向的自動墓碑，理論上是成立的，但沒有實用價值。」**

《本篇完》

（廿一）你師父造這麼多卦山，那幾卦山是葬脈，那幾卦山是葬氣？

繼大師答：老實講，不是這麼多人能夠知道的，問這問題的人，對於脈及氣都不大清楚，以下是筆者繼大師的見解：

首先要明白脈與氣的分別，以山崗龍來說，脈是山脈，兩旁有守護山脈出現的中間山脈，始有脈氣，以平陽龍來說，亦然，不過地勢較平，以平坡地脈，兩旁有守護脈，中間出脈始有地氣流經，由於地屬平坡，故不易被察覺。

若是平洋龍，則兩水流動之中間的範圍，是平地脈氣所行經的地方，故楊筠松祖師在**《撼龍經上篇》**說：**「莫道高山方有龍。卻來平地失真蹤。……龍到平洋莫問蹤，只觀水繞是真龍。念得龍經無眼力。萬卷真藏也是空。」**

結穴除了要左右有守護脈之外，筆者繼大師認為還需要有父母星辰山丘，前有氊唇平托，後有父母靠山，左右有夾耳，前有朝案，始可以為之真結，是「有脈有氣」之穴。

什麼是「有龍脈而無地氣」呢！這是不容易解釋的，若有真龍脈出現，左右有護脈，主脈到一處地方，生出一父母山丘，丘的兩旁出現守護的幼脈包拱，名「侍砂」，但山丘中間是弧凹之地，或中間全是平弧地形，並沒有突出或略突之脈落下，此種地形，是有龍無穴，筆者繼大師曾勘察過此等龍，沒有突出之脈，則地氣不能依附着，當落雨時，水從凹弧處流下，就是犯界水，甚至「水淋頭」，沒有明師上山親授是不會明白的。

脈有陰陽，凹脈來謂之「陽來」，突脈來謂之「陰來」。凹脈來而中間生出突脈，穴結突脈之末端，謂之「陽來陰受」。

突脈來而中間生出凹脈，凹脈之左右兩邊是略高出少許的，左右兩旁向外邊再凹陷下去，穴結凹脈之中，筆者繼大師認為不是犯界水，水氣從凹脈兩旁再次從凹陷的地方流去，此謂之「陰來陽受」，不知穴法的人，是很難明白的。

又有一種脈，左右沒有守護山脈，或沒有左右內脈出現，但在很遠的地方有山脈，但不能包拱此主脈，此脈之左右兩旁是平地，平地左右一直伸延到遠處的山脈去，脈本身左右沒有肢爪，通常這種脈為孤獨龍脈，脈盡之處或結穴，可出得道高僧或得道高人，或結陽居寺、廟或道觀等地。

總括一句，脈與氣豈有分別，但是真結地與非真結地，是有分別的，但總不離開脈與氣。昔日恩師 呂克明先生經手造葬的穴，「仙人弈棋」葬脈，有脈氣但非真結。「旗形令字穴」、「倒地葫蘆」及「眠牛地」是葬穴，是真結之地。

有真脈就有地氣，有氣就有脈，但不一定是真龍結穴，脈與氣不能分割，相反，有假脈就有煞氣，有凹脈就容易犯水煞，要小心勘察為妙，脈與氣，要靠証穴法去証明它的真偽，呂師曾教過証穴法，並引述晉、郭璞著**《葬書》**云：**「乘金、相水、印木、穴土」**為証穴之法，加上穴土內有『地火』（温暖）。」于是乎五行齊備矣，此謂之「陰陽五行學」。

《本篇完》

（廿二）明堂中一凸，是水中有照，是主凶？還是吉？

繼大師答：真龍結穴，穴前明堂是大海，穴前正中間明堂處出現橫長的小島，關攔穴前堂局生氣，所以稱之為「案山」，是「水中有照」之一，是吉砂。但如果穴前中間明堂處出現一凸起的山丘小島，在水的中央，濶度很小而略高，正對穴塲，像「頂心柱」一樣，則是凶砂，主瞽目（盲眼）及墮胎。

若結穴前面有第一層龍虎砂包裏內明堂真氣，而第二層龍虎砂的外明堂是大海，水蕩則主離鄉，水中有一凸起小丘，瞽目及墮胎則主應於第二代或第三代之二房，或其後代在廿四山之方位干支出生年命生人，與穴向山丘方位干支相同，如「子」山「午」，「午」方是山丘，則會剋應午命生人，但穴之向度，亦要視乎是否該代人當值失元元運而定。

明堂中之一凸，其重點是穴上可見的前面明堂，中央有一山丘明顯凸起，四週平坦，或是穴前明堂是大海，中央有一山丘小島，明顯凸起，穴正正朝向它，如山丘破損，則會有凶應。**《雪心賦》〈卷四〉**（竹林書局發行，第二頁）云：

「玉印形如破碎。非瞽目則主傷胎。」

楊筠松祖師在**《胎腹經》**之**「朝應真偽」**有云：**「朝山帶石是為瞽目。壅腫墮胎斜仄蹩躄。」**蹩躄（音跛辟）即破足不能行。

但亦有例外的情況，如明堂中央雖然有凸出的山丘，山丘後方有群山環繞，作穴之羅城，山丘後方有脈與後方羅城相連，且正正朝向穴來，這就是**《雪心賦》**（竹林書局發行〈卷四〉第二頁）所云：

「一坯土居正穴之前，未可斷為患眼。一小山傍大山之下，未可指為墮胎。」

其主要分別是：

墮胎及眼患 —— 穴前明堂中央的山丘窄矮，四週空間是平地，後方沒有任何脈與羅城群山相連，山丘正對穴位。

非墮胎及眼患的吉砂 —— 穴前明堂中央的山丘與羅城群山，或與堂前左右方山脈相連，且山丘前方有一定的空間平地作為穴前明堂的緩衝區，這不作墮胎及眼患看。

《本篇完》

（廿三） 水蕩主離鄉？一般向海都是這樣的，豈不是向海的穴都離鄉？

繼大師答：穴前內砂之外是平地或大湖大海，然後外面又有山群出現，形成横長的朝山大幛，而穴前內砂與朝山之間的外明堂，其左右沒有任何山脈山現，只有一大片平地、大海或大湖等，這便是離鄉砂。

另外，穴順水，即穴前水去，龍無手腳，以左右外方山脈為護砂，又護不過穴，雖然穴前有平托氈唇，但順水。又穴之左右（青龍、白虎）二砂脈直出，如人推車之狀，皆主離鄉。

沈鎬著**《地學》**〈卷二〉（武陵出版社324頁）云：

「地理中有離鄉龍。有離鄉穴。有離鄉局。有離鄉案。有離鄉砂。有離鄉外砂。有離鄉城郭。要之必空。必露。必反背。必順水。必斜飛。乃成離鄉。故離鄉不同。其究一也。」

筆者繼大師認為，其重點是：穴面前順局，左右砂雖不長，但離穴直去，或是砂脈斜飛而出，中明堂一片空蕩，至很遠始有朝山，就是離鄉格局。若穴前出現橫攔近案，又或者外明堂上出現很多矮小山丘，或是群峰環繞，層層叠叠來朝，則非離鄉格局，只要穴前有長長山脈直走，由穴方走向前遠方直去不回頭，則人財兩失，便成離鄉格局。

若穴向茫茫大海，沒有關攔，若穴向、方位合得零正，煞出大海，則旺氣入穴，而水法又合於方位，則會發富，但只能發得一時，當發旺元運過去，便漸敗。若穴前大海遠處有羅城朝山，一般來説，都會主離鄉發展，但若近穴前大海之上，有横長山脈的島嶼關攔，則屬於例外，會速發，而且會發兩代，故此不能一概而論。

另外再補充一點，外砂之外是平地或大湖大海，然後外面又有山出現，便是離鄉砂。由於最外堂局沒有羅城四勢所圍繞，雖出現有小丘，主瞽目及墮胎，然而缺乏羅城四勢之山脈圍繞，則所尅應之力會較為輕微。

《本篇完》

（廿四）請問一下《天元五歌》有說：「試言結穴有二品，石穴土穴貴相准。」是否真有穴結於石上？

繼大師答：尋龍點穴，必須依照龍法、穴法去尋，首先要有來龍脈氣，穴位有父母穴星作靠，左右有龍虎護脈，有夾耳山峰，前有案山、朝山，其高度適中，近穴之前方，有內明堂，四正山峰齊備，穴位正對天心十度，地氣凝聚，然後穴位可成。

至於穴位上出現石塊，這種情況是甚少出現的，來龍出現很多大小石塊，表示龍脈帶煞，化氣未清，石塊必須在父母穴星範圍內消失，則龍脈有剝換化氣，脫煞已經清純。

在香港新界麒麟村有文氏祖墳，名「麒麟吐玉書穴」，整座麒麟山行龍，至麒麟頭部為「昂頭」之狀，佈滿石塊，因為山高，山脈嶺上受風雨侵蝕，故出現很多石塊，雖然化氣未清，但由麒麟頭部向東面落脈，石塊亦在落脈上出現，脈到山腳，石塊則變少，穴結山腳底，出現些石塊，則顯示麒麟山的威猛，配合龍穴之相，此謂之「入格」。

聞說麒麟吐玉書穴在造葬時，地師吩咐地匠在落脈處，用了九個封閉式的大瓦缸，內盛滿清水，橫跨來脈處，埋下脈內地底，據說可以將麒麟山的落脈煞氣化解。

曾經見過有一陽宅風水結穴之地，在開始建做地基之時，發現地下有一塊很美麗，石質平滑奇特，有少許尖圓形狀的大石塊，隨即把石頭掘起，剛好穴之青龍方處，高度有所欠缺，於是風水明師把它豎立在青龍方較為平緩的位置上，劃上青色的龍，以此青龍碑壓制了白虎較高的煞氣。

在江西省北部的廬山，有一個很出名的「仙人洞」，是道家祖師 呂洞賓真人修練成道之處，來龍主脈由高處山脈落下，白虎方有山脈直行守護，與主脈同一方向而行，行龍及右邊護砂的兩脈之間，有一極深之坑，坑底有大石塊，水從坑內直流而出。

主脈到了一處，突然停止，左方山脈連綿不斷，青龍內砂橫抱過堂，與主脈之間有一平窩之地，主脈停止之處，有一個天然的大石洞，至少約有兩至三米濶，四至五米深，高約三米，內有泉水在側旁湧出，全是大石塊的自然山洞，山洞正朝橫攔一案，且抱過中間內堂堂局，正是龍口之處，這就是天生的結地洞穴，是筆者繼大師于2009 年生平第一次所見，這就是石質結穴的山洞，是石脈結穴。

蔣大鴻先師著**《天元歌》第二《論山龍》**（見**《地理合璧》**集文書局印行，內第509 - 510 頁）云：

「與君細論石中機。石是山精骨髓滋。時師只怕石無穴。誰道真龍石始奇。真鉗真窩石內藏。真龍真虎石兩旁。識得枕棺龍口石。千山玉乳灌心香。結穴之石此中推，行龍之石只胚胎。不審其中元竅理。滿山頑石豈堪裁。」

繼大師認為這段經文說出要點如下：

（一）石是山崗龍中的龍骨，一般地師只怕石中無穴可結，誰知道真龍有石始為奇。

（二）真龍結穴之地點，左右有砂脈成鉗狀，守護吉穴，穴位在一定的高處平地，有開窩為真窩，有奇石藏於穴內，左右龍虎有大石於兩旁守護，尖者向天或向外為曜砂，主官貴。

（三）若有人識得穴位中的「龍口石」，千山的來龍地氣盡凝聚於此處，尤如玉乳灌心香，結穴之石正是在此推尋，不同於行龍之石，它只是龍的胚胎，若不明白其中竅門，滿山都是頑石的時候，那我們怎麼辦呢？

又有一些穴，四週都長滿石塊，唯有「的穴之處」是泥土，但石塊宜平滑美麗奇特，不宜破碎巉巖黑實，依龍穴之法去點取，石質重的行龍，表示龍的骨質重，性格較為剛強，不易向人屈服，結穴地點附近有石塊，表示龍穴在水口附近，雖然逆收垣局流出的水氣，但風常經過，泥土消失，以致石塊外露，出人也較為凶惡，謂之化氣未清，若向度不佳，易入偏門行業而致富。

筆者繼大師曾在廿四年前探訪一位中學同學，（今年2017年）住在加拿大温哥華近市中心的Burnaby地區，（Burnaby，British Columbia, Canada.）平房屋的地方在山區上，門口向山，門前有一小平地，地上有一塊突出的天然大石頭，正對大門，結果同學太太患上腎石，開刀治療後便逐漸康復，這就是石塊當門而產生煞氣所致。

蔣大鴻先師著**《天元歌》第二《論山龍》**（見**《地理合璧》**集文書局印行，內第510頁）又云：

「試言結穴有二品。石穴土穴貴相準。石穴端的是窩鉗。慎莫鑿傷龍骨髓。土穴太極暈中包。內象分明外象隱。鉗窩土色不須論，太極重輪仔細尋。真土原來石變化。不同凡土沒精神。世人鑿穴但求土。若逢凡土枉勞形。」

此段說明結穴有石穴土穴二種，而石穴較土穴為貴，筆者繼大師曾見過一處山頂順騎龍穴地，來龍在山脊平脈上行走，左右有高出的山脈同行作守護，龍脈左右擺動，生動異常，脈長而在山頂的一定高度平緩前進，脈氣到一處，微微生出父母星丘，有收有放，再復前行，到一處突然跌一跌，跌後開出一大片平地為穴之內明堂，穴結於脈氣變化之處，穴位左右有突出的圓石塊守護穴場，即如此段經文所說：**「石穴端的是窩鉗。慎莫鑿傷龍骨髓。」**

所以切勿把石頭掘去，以免鑿傷龍的骨髓，穴位處是泥土，內有太極暈，即是**「穴內土色佳」**，但見外表平凡，並不顯眼，此段經文又說明來龍有石，穴位是土，此謂之：**「真土原來石變化。」**

蔣氏又指出，此真土不同凡土那樣沒有精神，世人鑿穴但求土，若逢這些凡土，真的是枉費精神了。

蔣大鴻先師著**《天元歌》**第二**《論山龍》**（見**《地理合璧》**集文書局印行，內第509頁）又云：**「近山飛脈不嫌土。遠山飛脈石中數。若無真石盡浮泥。恐是人工難証取。」**

這是說明，真龍活現眼前，左右必有奴砂守護，主脈附近的奴砂是土質，則是正常，遠處的奴砂有石頭出現，則更顯得主脈真龍的清貴，若是無真石出現，而盡是浮泥，恐怕是人工堆土，難以証明主脈龍氣之真。

筆者繼大師曾經在潮洲考察過一穴，名「大鵬展翅」，子山午向，因為是家族式的葬地，接近公墳模式，有一墳在正結之上方數十呎高，墳碑有少許向前傾斜，碑的左後方約六呎遠，有一大石壓頂，為廿四山中之「癸」方。

有第二房人在癸巳年（1953年）生了一子，年少時讀書聰明，但到了中六畢業時，未曾入到大學，竟然抑鬱成病，到了接近40歲時，精神出現問題，竟然入了青山精神醫院住了數個月，出院後仍然有輕微精神病，而二房于癸巳年中（2013年，時83歲。），因腦部中風而逝，同樣地在「癸年」及「頭部」有事，這都是「癸」方有大石壓著墳頂所致。

所以尋龍點穴，筆者繼大師認為要明白石塊所出現的位置是否恰當，石頭出現在穴場附近的適當位置，便產生了對穴場的守護功能，對龍穴的貴賤影響很大，相反，若出現的位置不佳，便會對穴場構成凶殺。

《本篇完》

（廿五） 宋、賴布衣先師的風水學理，是否跟從唐、楊筠松先師？

繼大師答：賴布衣是宋末人士，生卒年不詳，約生於宋徽宗年間，原名賴文俊，字太素，號鳳崗，又作風崗，又號先知山人、布衣子，人稱賴布衣。處州盱江（今江西省定南縣鳳山崗）人，與楊筠松、曾文辿、廖瑀被尊稱為江西贛州四大風水祖師，故歷代中國風水明師以「楊、曾、賴、廖」為代表。

清初蔣大鴻先師在**《秘傳水龍經》**（武陵版 154 頁）序文內云：**「予考楊公以地理之家。久鮮能文之士。惟元**（宋末元初）**之賴布衣奇才而生蒙古之運。佯狂詩酒。晦跡寰中。每有詠歌文彩。爛發見於會稽諸縣者可驗也。」**（今江蘇蘇州城區、上海及紹興市一帶地區。）

沒有賴布衣，就沒有元朝的興盛，賴布衣在會稽（今紹興、上海及蘇杭一帶）住了三年，沒有人知道他的風水才華，且在廣東逗留了很久，甚至現在古式廣東典型的照壁（俗稱封火牆），理應與他的風水學理有關。

賴布衣曾著有**《催官篇》**，曾錄入**《清、欽定四庫全書》（子部七）**。其中**〈卷二〉**

云：**「黃泉曜氣最凶惡。陰陽混雜家零落。」**（見珍本〈術數蕞（叢）書〉21《宅相、墓相》《催官篇》53頁。）

換句話說，「黃泉」即是「陰陽混雜」，不陰不陽，無一主宰，故言大凶。

《催官篇》在52頁（水法）云：**「乾亥雙行因瘵夭。」**「瘵（音債）夭」即積勞成疾而亡。「乾亥雙行」是在廿四山的「乾亥」二山方，有水流來，亦是屬於「陰陽混雜」，不過是「雙行」吧。

《催官篇》在26頁云：**「左落乾亥如雙行。乾多亥少那堪作。右落乾亥亦雙行。亥多乾少堪裁度。中抽乾亥平分來。可作行龍穴休鑿。」**

賴布衣的《催官篇》，單以廿四山的「乾亥」二方，就有以下三種：

（一）乾多亥少。

（二）亥多乾少。

（三）乾亥平分（乾亥中間）。

筆者繼大師閱讀《欽定四庫全書》〈子部七 - 術數類三 —— 相宅相墓之屬〉內之《催官篇》，由總纂官紀昀（紀曉嵐）、陸錫熊等人抄寫及校對，其開始第一篇，由總纂官紀昀（紀曉嵐）撰寫的〈提要〉。筆者將它意譯如下：

宋、賴文俊撰《催官篇》第二卷。處州人，曾在建陽做官，愛好風水相地之術，後棄職浪遊天下，因為是讀書人而沒有功名，故以「布衣」稱呼，自號賴布衣，著有《紹興大地八鈐及卅六鈐》，（鈐者，即用詩篇歌賦，將穴地筆錄於書，以提示後人。）今還未見此書，書分「龍、穴、砂、水」四篇。

他的風水理論，以廿四山分陰陽，以「震、庚、寅」為三吉，以「巽、辛、艮、丙、兑、丁」為六秀，以斷穴位之吉凶，穴仍然以龍為主，穴位受氣，有挨左挨右之分別。

「砂、水」二篇，以方位斷穴之吉凶，這說法頗為令人不解，如謂「寅、甲」二龍出瘋跛者，木盛生風，又星應「尾、箕」而好風，（廿八宿中之尾火虎、箕水豹，屬於東方蒼龍七宿。）震為足，風淫末疾，主瘋跛。丙方上應「星日馬」（星日馬 —— 南方朱雀七宿之一），故有蠶絲之祥，丁方上應壽星，故多壽考之兆。

兑龍辰水，辰水有金殺，兑為口舌，為毀折，故主缺唇露齒，又「辰、酉」逢合，土塞金聲，故主重舌含糊。

其說話雖然頗為涉及神怪，但在陰陽五行及生尅制化的理論上，説得有道理，涉及神怪的是無根據之謬論，他所説的吉凶道理，原因不明，但仍然有很多優勝之處，書中舊有註解，不知何人所作，解釋得頗為詳盡，已傳了很久，今一併錄之，以供參考。（乾隆四十六年十月恭校上）

筆者繼大師認為，以一個風水外行人看來，縱使官員文筆很好，並不一定能瞭解其內容，《催官篇》是一篇帶著謎語色彩的文章，真訣不會那麼容易公開的。筆者繼大師隨呂師學習卦理時，有關在「寅甲」方位出現文筆峰會出怪傑之説，「寅、甲」二龍出瘋跛者，就是羅盤廿四山中的「寅甲」位，若位於「寅甲」交界線上，正是三元盤中先天離卦宮位的中間界線，陰陽不定，是空亡線度，故稱為「騎縫線」，與「黃泉八煞」線度相同。

兑龍為先天卦的宮位，屬於西方「庚、酉、辛」，以「酉」山為主，為「師、遯」二卦，「辰」山方為「睽、歸妹」二卦，在龍與水配合方面，容易錯亂，導致凶險，「兑」為口舌、少女，屬金，故有「缺唇露齒」及「重舌含糊」之説。

古今中外的朝廷官員，都不會説神異的事，防止導人迷信，影響朝廷管治的威信，防止有人利用神怪的事來造反，所以編纂《四庫全書》術數部的官員，都不會說怪力亂神的話語，因為術數類的書籍，多涉及神怪的事，所以他們用詞嚴謹，以正視聽。

筆者繼大師又認為，賴布衣並非用廿四山定來龍的方位吉凶，最大可能性，就是用六十四卦，這樣就可以如此精細地剖析，但他比楊公著的經典，顯然露出多一點痕跡，若是精通得真傳的三元風水地理師，一定明白他的說法，與楊筠松先師之學理吻合。

楊公在**《天玉經上篇》**云：**「向水流歸一路行。到處有聲名。龍行出卦無官貴。不用勞心力。只把天醫福德裝。未解見榮光。倒排父母蔭龍位。山向同流水。」**

這「向」與「水」一路，「龍」行不出卦，「未解」見榮光，蔭「龍」位。「山向」同流「水」。很明顯就是「龍、山、向、水」的配搭組合，與未解有關，這根本就是一個非常隱密的迷語題目，知道的人自然知，不懂的人自然不懂。

楊公與歷代風水明師及賴布衣的風水學問，秘而不宣，讀了等於未讀，如蔣大鴻先師所謂：「天機不可洩露。」蔣氏又在**《地理辨正疏》《辨偽文》**（武陵版17頁）云：**「夫豈不欲傳之其人。然天律有禁。不得妄傳。苟非忠信廉潔之人。未許與聞一二也。……」**

晉、郭璞先師在教授徒弟的時候，曾經被一名弟子偷竊其風水秘笈，其後，此秘本無緣無故被焚毀，此傳言並非無因，皆因天機非常隱蔽，有其禁忌，弟子有不如法的事，容易被處罰。

故此歷代風水明師並不公開其秘密，只作有限度的說明，所以中國古代四大風水名家「楊、曾、賴、廖」都是同出一家，南唐、楊筠松祖師親授曾文辿及廖瑀，賴布衣又依照楊筠松風水明師的風水學理，然而楊筠松更依照晉、郭璞風水祖師的學理，這樣就是傳承不斷，風水秘法，唯有緣者得之。

楊公曾在**《都天寶照經中篇》**（**《地理辨正疏》**武陵出版社出版，第239頁）內說過：**「筠松寶照真秘訣。父子雖親不肯說。若人得遇是前緣。天下橫行陸地仙。」**可見真道難聞，難怪楊公說：**「既得至道。不敢炫耀於世。故披褐懷玉。抱道無言。然天寶雖秘惜。而救世之心。未嘗少懈。」**

總之，真道難聞，得真道而又守正道的風水師更難遇，無論如何，賴布衣的風水學理，與楊筠松祖師同出一轍。

《本篇完》

（廿六） 可否談談古今中國風水的發展及演變。你對風水的感想如何？

繼大師答：風水是中國古老神秘而具高度智慧的學問，自古是帝皇所專用，平民百姓不能學習，若是一般人偷學，是要殺頭的。

唐朝風水祖師楊筠松先生，因為黃巢之亂（公元八八〇年），京城長安失守，楊公與其學生曾文辿因在軍中掌管天文地理，故藉此機會，混入宮中偷取瓊林寶庫內用篆文所寫封面之《國內天機書》，內有天文地理術數，相傳為丘延瀚先生所著；後楊公逃到江右（現今的江西興國縣梅窖鎮三僚村），他在此地著書立說，繼而成為風水上之一代宗師。

由於這些說法，並沒有史書記載，故在清乾隆四十六年，身為四庫全書之總纂官紀昀（紀曉嵐）及各校官等人，在編輯**《四庫全書》〈子部七〉**，楊筠松所著**《撼龍經、疑龍經、葬法倒杖》**之**〈提要〉**上云：（見武陵版四庫全書**《撼龍經、疑龍經》**內第三至四頁。）

「臣等謹案《撼龍經》一卷。《疑龍經》一卷。《葬法倒杖》一卷。舊本題唐楊筠松撰。筠松不見于史傳。惟陳振孫書錄解題。載其名氏。宋史藝文志。則但稱為楊救貧。亦不詳其始末。惟術家相傳。以為筠松名益。贛州人。掌靈臺地理。官至金紫光祿大夫。廣

明中。遇黃巢犯闕。竊禁中玉函秘術以逃。後往來于處州。無稽之談。蓋不足盡信也。……」

由於楊筠松先生之名字，只是錄於術數書內，並沒有傳統史書記載，又自古帝皇或當權者多信風水，希望能藉着風水的助力，而達到統治國家的目的，使江山永保，不落入別人手中，百姓人等不得學習，當權者又不想鼓吹人民相信風水，故在官方之記錄文件上、史書、文獻等，均沒有把關於風水學問、人物或事蹟而作出記錄；同時擔心失去統治權之虞，又怕人民迷信風水而做成社會上之混亂，因此，風水只在民間作有限度之傳播。

中國人自古以儒家思想治國，不以怪力亂神之說而擾亂民心，風水之說，多涉及鬼神，故當權者視為大忌，這點亦是史書文獻沒有記載有關風水人物及事蹟之原因，風水之靈異事蹟，只流傳於民間通俗之士，而有學識者，因在社會上較為有地位，即使自己相信風水，亦不會在自己文章中寫上，如宋代著名理學家朱熹（朱柏盧）先生，他亦精通風水，但以理學家及儒家思想的形象對公眾示現。

清初之大儒黃宗羲先生（亦名黎洲），亦懂風水，但亦以儒家思想的形象示現於人，他精通易經，自己曾點了一風水大地，留待自己日後之用，並聘請蔣大鴻地師來鑑証穴之真偽（見清、沈竹礽著**《沈氏玄空學下卷》**所載，蔣大鴻學生姜垚之**《從師隨筆》**。）黃氏既信風水，甚至懂得風水而自行點穴，亦因以一介儒生而並沒有公開承認自己相信及懂得風水，就是怕社會人士斥他迷信，這是身為一個有名氣的學者所對風水之態度。

儒家學者不敢公開承認自己懂得風水，這真正懂得風水之人，其對風水之態度又如何呢！首先以唐、楊筠松地師而言，在**《地理辨正疏》**內之**《寶照經》**中篇，清初蔣大鴻地師註解楊筠松地師之**《寶照經》〈中篇〉**時（見**《地理辨正疏》**武陵版，第 226 頁）有云：

「識得此訣者（指羅盤方位中之四正四隅方之八卦陰陽口訣。）**。雖帝王大地。瞭若指掌。特禁秘而不敢言耳。楊公自言。既得至道。不敢炫耀於世。故披褐懷玉。抱道無言。然天寶雖秘惜。而救世之心。未嘗少懈。……或云。楊公得道之後。韜光晦跡。背其鄉井。隱於江東。」**

據蔣大鴻地師之言，既得風水真訣，雖然知道風水大地及帝皇名穴在何處，也不敢說出，蔣氏又引楊公之言，而得真訣之地師，其對風水之態度是：

（一）不敢說出大地龍穴之位置，以示天機之不可說。

（二）得了風水真訣，不敢在世間炫耀，就像穿上粗衣，衣內有寶玉一樣，不敢展示於人。

（三）得了風水真訣後，歸隱山林，韜光晦跡，離鄉別井，使人們不易認出，避免招來麻煩，乃至殺身之禍。如南唐、楊公助盧光稠看祖墳風水一樣，後來被盧氏所毒害，死於壺口。

由於風水在古代是對當權者之地位有影響，故真得風水口訣之地師，不敢炫耀，他們只有適當地傳授有緣人，而並非只作父子相傳，楊公在**《寶照經》〈中篇〉**（武陵版**《地理辨正疏》**第 239 頁）云：

「鈎松寶照真秘訣。父子雖親不肯說。若人得遇是前緣。天下橫行陸地仙。」

所以楊公主張隨人因緣而傳授風水，雖是兒子，也不易輕傳，除有緣人外，得傳之人，必須具備良好心性及品德，大善之人，始能得真傳，**《寶照經》**（武陵版第 204 頁）又云：

「楊公妙訣無多說。因見黃公心性拙。全憑掌上起星辰。類聚裝成為妙訣。」

此段是楊公讚其學生黃妙應之心性良好，並有資格給予付法，故黃公得楊公之風水真傳。

又清初蔣大鴻地師在《辨偽文》（武陵版《地理辨正疏》第17至19頁）云：

「生平學地理之志已畢。自此不復措意。夫豈不欲傳之其人。然天律有禁。不得妄傳。苟非忠信廉潔之人。未許與聞一二也。……………天地之大。何所不容。但恐偽託之人。心術鮮正。以不正之術。謀人身家。必誤人之身家。以不正之書傳之後世。必貽禍於後世。」

得真風水口訣之蔣大鴻地師，亦與楊公在風水傳授上是同一樣之看法，其授法原則是：

「不得妄傳非人。心術不正者不傳。」

明師得風水口訣者，皆有其共同之處，他們被視為得風水真傳，是有以下之因素：

（一）　明師在世時，與人造葬風水，所卜葬之穴地，皆能令祭主（聘請風水師的當事人）及其後代得到利益，如家族富貴，名氣大，事事如意，正如楊筠松地師與人造葬後，皆令事主脫離貧窮，因此人們稱他為「楊救貧」。

（二）　明師在世時，他們在風水上的著作特多，影響後世，其著作經得起考驗，屹立不倒，經歷代風水明師採用而世代相傳，如清初蔣大鴻地師，得郭璞之《**水鉗賦**》，訪鄒先生及吳天柱先生而得《**水龍經**》，因此而註《**水龍經五卷**》傳世，至清乾隆丁亥年（公元

1767 年）又由程穆衡校錄出版。（現由武陵出版，風水編號第 98 **《秘傳水龍經》**。）

（三）　明師在世時所傳授之風水學生，他們在風水上有所推廣及傳播，把其老師之聲名宏揚。

得風水真傳的明師，他們都有下列的特點：

（一）　相信鬼神，相信風水之力量能左右人之吉凶禍福。

（二）　將風水口訣視為天機，一般人不易得授。

（三）　試圖用風水助人富貴，得到功名，子孫繁衍，解人困厄。

（四）　心術正之人、有良好品德之人，始能傳授。

故此，中國之風水學被視為民間信仰的一種，亦有謂積善德者，始可得風水佳城，唐、卜應天著**《雪心賦》**〈卷一〉（竹林書局版第五頁）有云：

「吉地乃神之所司。善人乃天之克相。將相公候。胥止焉出。榮華富貴何莫不由。」

古人地師，他們相信大地龍穴之地，是有鬼神去掌管它的，而有善德之人，始能得到吉穴，此正符合**《太上感應篇》〈善報章第五〉**云：

「所謂善人。人皆敬之。天道佑之。福祿隨之。衆邪遠之。神靈衞之。所作必成。」

然而古代地師是用風水去輔助行善積德之人，亦証明有：

「善有善報。惡有惡報。若然不報。時辰未到。」

風水是一種鼓吹行善得福之一種民間信仰，有助提升社會上良好之風氣，這是風水學在中國流傳原因之一；而地理師之作用，有如在宗教上的法師、祭師、牧師、神父等之功能，風水師有一種代天宣揚善行的責任，這是風水學之正面功能。

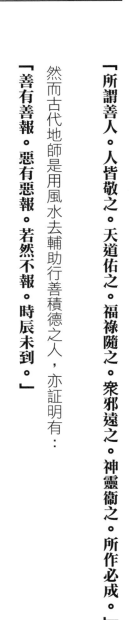

但良秀不齊，樹大有枯枝，有很多人，不學無術，以人民對風水之無知，而利用風水歛財騙色，使人們受害，這錯不在風水學問，錯就錯在人們之用心不正；因此，中國歷代官吏、讀書人及當權者等，既不能分別出風水之真偽，於是將風水視為迷信之學，而不把風水學納入正統學術上去。

至於帝皇之身邊，自有不少懂得風水之能人異士，如清代就設有欽天監一職，專司天文地理，但隨著西方科技發達，迅速帶入中國，科技先進，科學發達，人們以眼見為信，不見者則不信，中國人受西方文化之沖擊，廿世紀初，中國智識分子就發動五四運動，推翻文言文，反八古文，推崇白話文，在國畫方面，亦有推翻傳統四王畫派（清初之王鑒、王時敏、王翬、王原祁畫派。）之出現。

繼而有社會唯物主義，一九六六年至七六年，十年之文化大革命，將中國之文化幾乎腰斬，焚燒大量宗教、五術及被視為迷信之書籍，反林反孔，風水書籍只能在香港及台灣出版，少數在東南亞說華語之國家出現。

老一輩之中國大陸風水師，他們走到香港或台灣去傳授風水，風水只在民間傳播，而社會上亦是文人、博士教授等智識份子為學術上之主流，其學術以西方文化為準則，主唯物辨正，分析實驗，以科學數據為辨正主流，雖有宗教之科目，然而西方以基督教、天主教為主，東方以佛教、道教為主，中東以回教為信仰主流。

在中國民間及東南亞國家信仰上，亦有天后、關帝、候王、大聖爺、洪聖爺、黃大仙、呂祖、玉皇、觀音……等神道設教之研究，而風水是屬於民間宗教信仰範圍，但未有大學學科開設，亦非專一及深入研究。

風水一學，至今在香港、台灣等地亦未曾有大學學位科目，二〇〇六年，偶而見有報道說中國南京大學有風水一科之開設，而風水學問上可劃分出有兩種人學習。第一類是在民間作個別方式之傳授，第二類是學院派式的傳授。

第一類學習之人，是民間師徒式之傳授，以個人興趣為主，以陽宅風水居多，通常透過雜誌文章、電視及廣告等形式作為風水師自我宣傳的媒介，人們透過宣傳而選擇風水師傳去學習風水，多以班制形式傳授，及以短期課程授課，如初級、中級乃至高級班等，若教授風水師傳是採用傳統師徒制的話，他們在其學生中挑選一些品德或資質較好的同學，舉行一個拜師禮的儀式而成為師徒關係，甚至成為入室弟子，儀式中是要撰寫黃紙表文，拜過當天，火化表文，正式收為徒弟。

蔣大鴻地師在**《玉函真義》**（即**《天元五歌》**）之序文中有敍述關於自己拜無極真人為師之經過（武陵版**《相地指迷》**第7至8頁），其中云：

「昔過吾（指蔣大鴻）**師無極真人於原枝之野。扶桑**（即蓬萊）**上官再拜稽手。叩問金丹大道。真人曰。人道不修。仙道遠矣。…………我**（無極子）**先授子**（蔣大鴻）**以玉函之秘**（指風水秘典《玉函經》）**。山原水澤二宅奧妙。是名人世金丹。歸葬其親。………於是告盟三天**（即道教之卅三天）**。長跪敬受（拜師儀式）。」**

其後蔣大鴻地師在傳授風水秘法時亦撰寫有**《玉帝表文》**（見**《地理真書》**奉授**《歸厚錄上》《玉帝表文》**，黃山書社出版，劉永明主編，術數類古籍大全第六集，堪輿集成九二。）在表文內說出傳法條件甚嚴，其中云：

「臣（蔣大鴻）**著撰時堅持誓願。同宗只傳二本**（指風水秘典）**。今廣傳異姓。非臣原誓。錫礽永台**（王錫礽字永台）**。雖得權宜抄錄。仍誓三年精習之後。焚滅原本。以杜妄傳。三年不精。竟亦焚繳…………」**

表文中傳法大綱是：

（一）非同宗不傳，同宗傳兩秘本，三年期限，無論是否學成，三年後要焚燒原來秘本，更不能轉抄。

（二）拜師禮過後，要持齋三年，守忠、信、孝、悌四德，持不殺生、不偷盜、不邪淫、不妄語等四戒。

（三）得訣後，不得妄傳非人，帝皇大地禁穴不得點取及為人指點，不騙財，不破人家風水，不謀人家已葬取之舊穴。

（四）子孫貧賤者，不准許以風水為賺錢職業，惟子孫富貴賢良者，不妨以風水救世。

古人傳風水秘法時，等同設一入教儀式，現代人傳授，並非每位風水師都有其風水派系的正式傳承，多是學過一陣子而沒有深入瞭解，便自稱風水師，所以真偽難分，這全憑人家對他們的信賴，亦是公眾對他們的口碑而取信。

在民間信仰的風水派別中，以得師父之傳承為要，源遠流長，歷代口口相傳之師承，現代人幾乎很少能得到有明師傳承的師傳傳授風水了，故現今多以陽宅風水為主，捨去陰宅風水的學問，以陽宅風水去掩飾他們在陰宅風水上的無知，又或者他們根本不懂陰宅風水，但又自稱自己是風水師，甚至看相之相士，批八字之算命先生，撰寫通勝之擇日師，他們也稱自己是風水堪輿師，故此，這類民間師徒式傳授全面陰陽二宅風水且得風水歷代傳承之明師口訣者，少之又少。

現今民間流行之風水，市民多以此作消閑，或作娛樂電視節目的一部份，很少人將風水視為專門學問，更有自創一格的風水理論出現，例如擺設麒麟瑞獸、五帝錢、安忍水、銅鐘、風鈴、文昌塔、桃木劍……等等，正所謂「風水擺設物」之心理慰藉工具，「安心法門」是也，這與古人以山川形勢去引証風水吉凶的概念，根本是背道而馳，所以一般有學識、文化的人，以為這「擺設物」是真風水，故以迷信視之。

在社會人士方面，對這類風水師的看法，雖是見仁見智，但基於社會上不同階層人士，多以婦孺相信居多，其次是一般學識的人士；又有一些小數人士，因為失業，又對風水有興趣，遇到有名氣的風水師在報章上刊登招收學生的廣告，大大吹嘘，聲言學習三個月至半年，便可以成為職業風水師，於是想賺快錢的人便去學風水，以求達到賺快錢之目的。更有一些人，腦筋動得快，自己登上職業風水師行列後，便開設「風水擺設店」在給人家看風水之虞，順便給顧客做賣「風水靈物」之生意，風水未曾改動，而賣風水擺設物已賺了不少錢。

究竟「擺設風水物品」是否達到風水之效應而令人們轉好運呢！我們先看古人風水明師晉、郭璞（公元276至324年）（見**《中國方術全書》**上第五六〇卷**《卜筮部名流列傳》**二，上海文藝出版社，清、蔣廷錫等編之郭璞傳。）所著之**《葬書》**（見**《葬經翼、葬經翼箋注》**內第185至203頁之**《古本葬經內篇》**，順德、龍裕光校錄，明義書局藏版，台灣集文出版社出版。）

「經曰。氣乘風則散。界水則止。古人聚之使不散。行之使有止。故謂之風水。風水之法。得水為上。藏風次之。」

又曰：**「夫壠欲峙於地上。支欲伏於地中。支壠之止。平夷如掌。故經曰。支葬其巔。壠葬其麓。卜支如首。卜壠如足。」**

古人以「氣」去形容風水中之自然能量，以「水」去止着地氣，把「氣」聚於一處而不散，這就是「風水」，即「穴」是也，又以**「得水為上」**而**「藏風次之」**，得水者，以「穴」（地氣所聚處）迎着流水來之方向為逆水，得逆水則得水氣，而藏風聚氣，不受八方之風所吹，這則其次。

第二段之「壠」，是指凸出略高之地，穴要點在其腳下，支脈要伏在地中，而地脈停止時，其地勢如伸出手掌那樣平坦，平坦之地形，穴要葬於高處，如人之頭，葬於低處，就如同葬在人之足腳。

葬書上的記載，全是山川形勢之描述，並非「擺設物品」之說，而現時之自稱風水師者則說：「本人是學陽宅風水的，非習陰宅墳穴風水。」以此掩飾自己對風水上的無知，而古法風水是以地勢為主，不是現時流行之「風水物品擺設法」。

在陽宅風水上，可分為大陽宅及小陽宅，大陽宅指城市垣局之結作，小陽宅指家庭居住之屋宅，一般現今之人，很少明白大陽宅之垣局結作，在歷代風水典籍中，只有少數風水明師說出，其中南唐、楊筠松地師在《**撼龍經**》之《**垣局第一**》（見《廖注撼龍經》武陵版編號52，第13頁）所說：

「方正之垣號太微。垣有四門號天市。紫微垣外前後門。華蓋三台前後衞。中有過水名御溝。抱城屈曲中間流。紫微垣內星辰足。天市太微少全局。朝迎未必皆真形。朝海拱辰勢如簇。千山萬水皆入朝。入到懷中九回曲。」

「垣局」是指城牆，四周圍着中間之大平地而建城，這是指人工建造之圍牆垣局，若在風水上之垣局，是指天生自然之山脈，三面環山，一面略矮而近水流或平地，或海，或湖，或大江之處，中間是一片大平地，若是方正形，楊公稱之為「太微垣局」，若平地與四周山脈之間，出現有如門口的通道，可通往山脈之外，這稱之為「垣局之門」，垣局有四個門，則稱之為「天市垣局」。

垣局之略低一方，其對朝之一面所環繞之山脈，各有三個高出之山峰（這稱為「華蓋三台」），在前或後出現，而山與山之間有平地空間作通道而往山脈之外，垣局中之大平地，又有水流在中間屈曲流過，這種地勢，稱為「紫微垣」，垣局平地內，又出現不少山丘，眾山丘所圍繞在中央地區出現主要山丘，前有平地，眾山及水流環繞，則稱為「帝座」

，是垣局中之垣局，大垣局中之水流，其屈曲灣流出現至少有九曲，或多於九曲，這稱為「御溝」，垣局有此特徵，便是國家首都之地，故曰：「紫微」。

古人以天上之星辰名稱，去比喻地下之形象，非謂：「觀天上的星象，去尋找地下的位置作建城之用。」此點世人多誤解，大錯特錯，這全是山川形勢之學問，並非故弄玄虛之說。

至於小陽宅風水，是指家居之地，是眾人居住在一個已經形成了一個城市垣局之一大片土地上，然後再劃分地區，各地區的風水好壞，其程度必然有所不同，在同一地區內，在風水上亦有好壞之分，其分別是，居住之大廈是得不到地氣，不要建在窩凹之界水位置上，然後再看大廈之三面，是否三面環山，一面向海，或大廈向地勢較低之地，再看方向、門路順逆等。

在**《地理合璧》**卷八**《陽宅註》**（集文書局出版第1014至1015頁），于楷（字端士）先生註解**《陽宅得一錄》**有如此之說：

「地理作法。本屬活變。而陽宅尤甚。蓋都邑市鎮。其大形大勢已成。結氣之地。其中方平一片。氣厚則地大。氣薄則地小。千門萬戶。安所得家。家近水而倚之。以立宅哉

。故全藉門風路氣等。以上接天氣。下收地氣。層層引進。隨時分應。以定吉凶。」

此段指出風水是活的，這處描述之都市，是指平洋龍結邑之地勢，平地以水環繞為主，三面有水流圍繞，一面有餘水兜抱，其中間是平地，這一大片範圍的平地上，便是平洋結市邑之形勢，平地以水流作垣牆，一條水流等於山崗龍之一條山脈，如中國合肥市便是這種格局。另外，在平洋地上，兩條水流相交合為一條大河而流出大海，亦是平地結邑市之地勢，如上海的黃埔江與蘇州河相交而出長江江口一樣，兩水相交而結上海市。

于楷先生又說：**「曲折而來**（指水流屈曲。）**朝則為來氣。若橫過者又為界氣矣。同一嶠**（嶠者指高大濶直之建築物。）**也偪近。而太高者。無論吉凶之方。俱為煞氣。若自遠叠叠而整齊者。又為來氣矣。同一隅空也。方整平垣者為來氣。若牆尖。屋角歪斜。漏風。無論吉凶之方。俱受凹風煞氣矣。」**

于楷先生指出在平地有水流所結作之陽宅，在風水上的看法，是看水流之順逆，水朝及水曲折而來則吉，家居附近之建築物，若太高太近又偪近自己，無論任何方位皆作凶論。又說若有牆尖、屋角歪斜、漏風（屋與屋之間出現之空間，其隙可見天空，古人稱之為「箭風」，現代人稱為「天斬煞」。）等，皆是煞氣，故此看陽宅之風水，是以形勢為主，方位方向次之，而兩者兼看，則更為完美。

蔣大鴻地師著**《天元歌》〈第四〉—《論陽宅》**（集文書局出版**《地理合璧》〈卷五〉**第538頁）有云：

「宅前逼近有奇峰。不分衰旺皆成凶。擡頭咫尺巍峨起。泰山倒壓有何功。」

若然陽居（指鄉村村屋）門前有大山逼近而欺壓，山形突出如大肚形，突出山脈正逼壓村屋之大門，則無論門向是否衰旺，皆作凶論。然而，若在城市大廈，屋對屋，大廈林立而互相相對，在城市規劃上，一個地區之街道，其方向已定，建大廈於街道旁，自然所有大廈必須與街道同一橫直之方向，樓與樓相對是必須的事，也是自然而然的建築。

在真正的風水概念上，是可行的；但是，有兩種人，在設計大廈之方向時，往往將大廈本身與原本地形之方向扭至偏移45度，眾大廈角對角的建在長方形的平地上，便出現菱形狀態，這兩種設計之人是：

（一）樓宇設計師——他們為了令大廈各單位中之視野較廣濶，於是用菱形的設計。

（二）職業風水師——他們認為眾大廈建在同一長方形的地形上，中間部份之大廈，有兩面是樓對樓，不利風水之設計，於是將大廈扭偏45度而建。

以樓宇設計師之身份去作出如此之設計是無可厚非的，但若是以職業風水師因風水不好的理由而作出這種設計，是不可原諒的。

筆者繼大師在此提出兩點理由去反對以上的大廈設計：

（一）城市街道之橫直綫度是固定的，若在街道旁之所有大廈均自由採用不同向度，不同方向的大廈，會形成一個古怪之城市，大廈之間不協調，有礙市容，且不美觀，試想一想，所有大廈均不同坐向，這種古怪現象，真的難以想像。這是在觀感上去反對此種設計。

（二）大廈之方向與街道之方向不同，則大廈之角與角互相尖尅沖射，風水上的氣，形成一個「亂」字，大廈與大廈的關係互尅而無情，自然形成人與人之關係愈差，爭執訴訟等事情愈來愈多，做任何事情均易構成障礙。這是以「風水角度的理念」去反對這種設計。

在風水好壞上，是有理可解釋的，在蔣大鴻地師著**《天元歌》〈第四〉**—**《論陽宅》**

（集文書局出版《地理合璧》〈卷五〉第537頁）有云：

「矗矗高高名嶠星。樓臺殿閣一同評。或在身傍或遙應。能廻八氣到家庭。嶠壓旺方能受蔭。嶠壓凶方鬼氣侵。」

在風水學理中，使用的，是陰陽五行之理，大廈之坐向，其理是一陰一陽；坐是陽，向必是陰；相反，則坐陰向陽，此謂之陰陽學也，而這段是以「嶠星」為風水之吉凶原素，「嶠星」，是指高高直立之大廈或建築物，大廈與大廈間，其空間有限，是互相壓逼的，所以，有些大廈的一面是旺，有些是凶。

此段經文説出一個道理，就是在風水上之吉凶原理，若被別的建築物高壓着，旺方及凶方，均有可能出現，此種説法較為合理，然而風水是活的，是會變的，是輪流轉的，是自然而然的，用人為的扭作，就違反自然了。

依此原則，則城市在街道兩旁之建築物排列整齊，市容美觀，亦乎合風水之一般法則，城市規劃得宜，這是大陽宅風水粗略之概念，小陽宅則是大廈內個別住宅單位之坐向，及室內風水等設計，在選擇居住風水上，首先是城市，其次是地區，再次者是大廈，最後就是居住單位，依此次序選屋，則乎合風水上「卜宅」之次第。

由於在民間流傳之風水派別，有別於其個別的智識水平及其傳承之真確否，所以很難介定風水師在「職業風水資格」上的認可，這與「中醫認可資格」相比，較難有效地控制其操作風水技能的水平；在另一個角度去看，若將風水列為一個學科，在大學有學位去認可風水師之執業資格，這實在很有問題。

在學習風水或傳授風水上，這種學院派式的風水傳授，是屬於第二類學習風水的人，一般學者、教授或高級智識份子，他們在學識水平上很高，分析力很強，唯物主義多於唯心論，故在風水上之看法或不甚認同，就算接受風水，多自認以科學態度去作有限度的風水研究，又或者把風水視為中國古代地理學問。

某期的中國國家地理雜誌上，刊登出現今中國學者們對風水學的看法，有如下八大點：

（一）風水是理想居住景觀的一個模式，把「家」用山圍護起來，坐山臨海，山環水抱。

（二）風水是心靈慰藉的美學，有心理上的安慰作用，可作「江湖騙術」之技倆，少有科學根據。

（三）風水是中國的「景觀評價系統，以易經為骨架，以陰陽五行作理論基礎，法天象地，天人合一」之境地。

（四）風水是一種風俗，一種信仰，不是科學，風水上的「氣」，本質是超微粒子。

（五）傳統哲學、天文地理、民間信仰，三者構成風水表層結構，風水源於救民濟世，最終淪為部份人謀財害命之騙術；風水師為了自己飯碗，故意把風水加上玄而又玄的色彩。

（六）不要將風水文化混同於地理學，認為中國古代地理學不必包括風水學説；講究風水的人，其後人會發福發貴，這是一種謬論、迷信意識。

（七）《尚書》記載公元前1125年，周公到洛邑，用占卜的方法，去看東周都城洛邑的風水，占卜就是風水。

（八）在「擇地建城」上的看法是：

古人以星象去劃分地上的方位，北京在中國之東北方，是北極星在地上的投影，紫禁皇城居天下之中心，把城市設計成天上的星宿之象徵，追求「宇宙圖景」。

更有一些學者認為，古代的風水理念是從地理形勢上去找出最舒適之地方，使人與大自然更和諧，住得更安樂，令人更以地質、土層、土地之結構及形成、水流之生態等種種學問去探討及研究適合人類生活的地方，並認為以此等學問去否定中國古代之風水學，更認為是現代人具文明及科學化之一種方法。筆者繼大師在此作一比較如下：

古代風水師認為 ── 好風水的地方，能令人得到健康、功名、富貴、長壽、財富、聲名等等。

現代地理學者認為 ── 土地之土質、水流、生態環境上去研究，然後去找出更適合人類所生活之地方。

前者是找出住人的地方，能令住者得到看不見的未來福報。

後者是用地理環境上之優勢，令住者得到舒適安樂。

前者是看不見未來，但用風水去求取未來之福報。

後者是用現實環境去解決人類的生活狀況。

故此風水被視為是一種民間信仰，信仰大自然風水力量；至於人類暫時未認知的知識，就以現時的學問去否定風水之功能，這是一種迷信科學的表現，而古人往往過份相信風水之能力，忽略了居所會遭到大自然力量所侵害，若以兩種方法去調校，用科技配合古人之風水學，那就更完美了，不應先入為主地去排斥祖先所留下來的高等智慧學問。

當一種學問流傳得源遠流長的時候，一定有其原因，筆者繼大師在此建議：現代學者，可依古人找地方法去尋出吉穴，然後與普通地方（並不是結穴，但又不犯形煞），用實驗方法，將兩者去比較，或者需要一段頗長的時間，始能作出証驗。

若學者對風水一無所知，則可以找真正得風水古訣之明師聯手做實驗亦可。

筆者寫到這裏，感覺有一點唏嘘，真理與否，還是隨人之信仰而去吧，信者有，不信者無，不能免強人家去相信風水或是相信科學，這樣來得更自然，免強無幸福的。

寫一偈曰：

風水是果
人心是因
果隨因合
互相合磨

《本篇完》

（廿七）西曆二〇〇二年十二月一日為「人中三奇」日，但若以當日推算，其三煞在正西，如當日在正西修造，此日雖吉，是否會犯「三煞」而影響，所影響者，除「丁酉」之生年、月、日、時外，尚會影響那幾種干支的生人？

繼大師答：此日以「未時、亥時、卯時」為地支三合或半三合木局，西曆二〇〇二年十二月一日未時之四柱為：

（一）壬午　年
　　　辛亥　月
　　　癸卯　日
　　　己未　時

若是亥時，日課四柱為：

（二）壬午　年
　　　辛亥　月
　　　癸卯　日
　　　癸亥　時

日課中，以例（一）為最好，天干「壬、癸、辛」人中三奇格，地支三合「亥、卯、未」木局，是水木旺局，以木之五行為最好，天干「壬、癸」之貴人在日「卯」支上，「己」干之祿在歲「午」支上，三合木局生旺火，所以配屬火之人命或山命最好，屬於「印局」，配以屬木之人命或山命是「同旺局」，皆是最好的配搭。

日課中之例（二）與例（一）差不多，以其天干而言，是純「壬、癸、辛」人中三奇格局，但以「亥時」用事，甚為不便，尤其是造葬安碑，晚上需要用大光燈照明，故以「例一」之「未時」為佳。

此日日課為「癸卯」日，「日破方」在「酉」，日之三煞在「庚、酉、辛」，擇日日課四柱中之任何一柱，不可正沖坐山，故「酉」山不能用，此乃基本原則。至於「庚、辛」山屬金，尅日課之三合木局，為坐山之「財局」，坐山尅日課而洩「金」坐山之氣，故不適宜相配。牢記著這些原則，定不會招凶，「月三煞」一般較「年三煞」為輕，所以不為忌。

「癸卯」日除正沖「丁酉」人之生年外，太歲「壬午」年沖「子」年生人，「辛亥」月沖「巳」年生人，「己未」時沖「丑」年生人，至於「子、巳、丑、酉」等坐山均不適宜相配。

擇日的正確觀念是，先有人命、山命（坐山），然後取日課相配，這個是程序，其次序不可倒轉。正五行擇日之學說，在五行中，生我者是「印局」，同我者是「旺局」，「我」是指人命及山命（方位）一切以「我」為主。

此日課以水木為旺，配以木及火之人命及山命為吉，若得貴人祿馬更佳，故配以「辛卯、癸卯、乙卯、辛亥、癸亥、乙亥」人命最吉，配「寅」命亦可以，配以「辛未、癸未、乙未」人命則次之，配以「己卯、己亥、己未」人命再次之。

《本篇完》

（廿八） 廟宇的結地與一般陽居有何不同？

繼大師答：首先廟宇分為兩大類，第一類是佛寺及道觀，第二類是神廟及地方的廟宇（指城隍廟、土地廟）。佛寺及道觀是修行的道場，佛寺是出家清修的地方。

由於古今不同，現今城市中的道觀，已經不再是出家道士修真的地方了，大部份都是在家道士舉辦頌經、拜懺、超度及進行道教禮儀的地方，亦有少部份在家道士在這些道觀修行。

第二類神廟是供奉神明的地方，如供奉觀音、北帝、天后、齊天大聖、洪聖爺、海神、地神、天神、城隍或土地公等，以祭祀為主，公開給善信參拜祈福。

第一類的佛寺及道觀，適合於建在陽宅結穴的地方上，有來龍、靠山，左右兩邊有龍虎二砂，前面有明堂，前方近處有案山，遠處有朝山，四正之山齊備，羅城沒有缺口，全具備了這些東西，就是結穴的地方，必然會有地氣，無形中使之興旺。

佛寺與道觀的結穴不同，佛寺是出家人所住的地方，不同俗人，以穴的形勢而言，只要有來脈脈氣就可以，靠山不高都沒有問題，甚至後靠低矮都可以，因為真正的出家人不會有子女，是為之入「空門」，只要向度當旺就是，有時甚至寺的向度，可以是某種程度上的空亡線度，但俗人的住宅就不能夠，只要是地氣集中之地，寺廟必能有所作為，若向度配合巒頭，收得大貴之峰，多必出得道之人。

佛寺的來龍，以孤獨的龍最為適合，孤獨龍頭可分為：

（一）來龍本身沒有肢爪，但行龍的左右邊有守護的護脈相隨。

（二）來龍本身雖然有肢爪，但行龍的左右方並沒有護脈相隨，都屬於孤獨的龍。

（三）穴結在高山山頂之上，有更高的來龍山峰作為陽居結穴的後方靠山，在孤崗之頂上，為「騎龍穴」，最適合出家修行，無論是「側騎龍穴、橫騎龍穴、順騎龍穴、倒騎龍穴」都可以，尤其是「飛天龍」格局的騎龍穴最為合適，因為龍有沖天之勢，意味着有往生飛昇之力，修道多能成功。

但至於出家人在個人方面修練的地方，亦要在結穴的地方上，但有些穴位是在岩洞上，脈氣全止於石洞內，有來龍、案山、左右兩邊有龍虎二砂守護，此為之「洞天福地」之一，如江西省北部的廬山「仙人洞」，為道家呂純陽祖師修行証道之處，正是此等格局。

至於道觀出世修行的道場，亦可以與以上佛寺修真之地相同，出世與入世不同，若道觀是修世間法的，為「鴻福道」，以廣結善緣為主，要與大眾結眾生緣的話，那麼一定要收逆水局，穴場之前方山峰要高聳，所有水流要流向道觀之大門口方，這則財源廣進，香火不絕，以收得前方之逆水為主，則道觀的名聲會大噪。

但是收逆水局的道觀，大部份其後方靠山不高，若靠山矮小，又並非出家人所住，道觀雖然收到財，居住的人會容易短壽，但亦有例外，如道觀向度配合相宜，則可以補此後靠不高的缺點。

另一種道觀的格局，是順局，道觀穴場遠處有高山出現，水流向前方去，到遠處有高山關攔，水流流去煞方，則旺氣入道觀。古云：

「風來則水去。水來則風去。水來吉。風來凶。」

穴雖然是順局，但仍然是收旺氣，香火鼎盛，財富會增加，但發福會較遲，雖然遲，但力量較大而持久。

另一種是水口砂作穴的格局，適合用於第二類神廟，這是供奉神明的地方，眾生來祈福拜神，並給予供養，神廟收十方之財，所以神廟並非一定是結穴之穴位。晉、郭璞著《葬書》云：

「風水之道。得水為上。藏風次之。」

所以神廟雖然並非是穴位，但祂收到面前逆水之局，故可發十方之財，受到眾生的供養，這種格局的位置，必然位於整個垣局的出水口處。

所謂「垣局」，其地形是、群山環繞，中間是平地，其中有一缺口，垣局內的所有水流，會從這缺口流出，所以是「水口砂作穴」的格局，「缺口」就是水口，神廟建在出水口處，面向整個垣局，把局內之水氣全部收下，神廟必須在水口處，後方靠着一個星丘作為靠山，左右有龍虎二砂守護，方為合格。

水口砂作神廟的格局，大部份都是後靠山不夠高聳，後靠山稱為「天柱」，天柱高則壽命高，相反地，後靠山矮，住者壽命不長，除非向度配合適當，合乎元運，這種情況下，則屬於例外。

因此「水口砂作穴」的格局，一般人不能居住，就是這個原因，所以此類水口砂的廟宇，與陽居是有分別的。

《本篇完》

（廿九）北辰與羅星的分別及其功能如何？可否舉出例子？

繼大師答：「北辰」與「垣局」有着非常密切的關係，垣局是指四面環山圍繞，中間是一大片平地，其中一方略矮，有水流從矮的一方流出，為「三閉一空」的格局，垣局可以發展成為一個鄉村、市鎮、城市，甚至成為一國家之首都。至於在陰宅祖墳的使用上，中國歷朝的帝皇，在皇陵墓園的選址上，大部份都會選擇在一個垣局上的主要山脈地方作為陵墓的地點，如明代十三陵，清代之東清陵和西清陵等皇陵墓群建築。

「北辰」者是垣局出水口之間所出現的巉岩石山，非常高聳，且形狀怪異，兀立於水流之中，或出現於水流的旁邊，山形有朝入垣局之勢，在風水學上的專有名詞為「尊星」。

風水祖師楊筠松先生著《撼龍經》云：

「一個北辰管萬兵。駙馬公侯招討名。高大崢嶸聳雲漢。必是爭天奪國人。」

《撼龍經》又云：

「北辰之星天中尊。上將下相列分明。此星乾坤鎮國寶。隱藏閉口莫胡陳。」

大凡在一個垣局內，四週有群山環繞，中央是一大片平地，據筆者繼大師的瞭解，在群山之中，多是龍脈盡結之地，其中有不少結穴之處，中央的平地，成了眾穴的大會明堂，垣局之一方有缺口，垣局內的所有水流，均從此缺口而出，此為之「出水口」，為垣局內各山脈所結眾穴的共同水口，當中若出現巨大的「北辰尊星」，則其中結穴之處，必蔭出「公侯將相」等位高權重的歷史英雄人物，故楊公云：**「高大崢嶸聳雲漢。必是爭天奪國人。」**

吳公曰：**「水中石山侵上天。擁起嵯峨壓眾山。代代武文人過府。英雄猛烈萬人看。水中圓墩有石印。若還低陷也昌榮。大山粗昂是北辰。定產男兒統萬兵。」**

由於「北辰尊星」極為重要，可蔭生「王侯宰輔、皇親國戚」，操控斬殺生死之權，並非尋常小貴之地，影響至大，故楊筠松風水祖師是禁止懂得看北辰尊星之人洩露的，又云：

「大地龍神朝暮守。不許凡人亂開口。勸君遇着北辰星。禁口禁眼宜謹守。」

而「羅星」者，是在水口關攔之中，有堆埠突起，或石或土，於平地中突然當於水口門戶之間，四面水圍繞著是也，但其高度不及「北辰」。**《地理人須知》〈卷五上 — 羅星〉**（乾坤出版社出版第286頁）引述楊公著**《撼龍經》**云：

「欲識羅星真妙訣。一邊枕水一邊田。田中有骨脈相連。或為頑石焦土堅。此是羅星有餘氣。卓立為星在水邊。」

「羅星」是龍穴垣局中的水口砂，阻擋垣局中的水氣散出，有關攔垣局內生氣的作用，有時在水邊及平地之間的地方是種田的，其間出現很多堅硬黑色的石塊，或大或小，正是水口砂中「羅星」的餘氣。

垣局內正是各種行龍結穴的所在地，垣局中央的平地，正是「大會明堂」，為各種龍穴的共同明堂，若垣局水口處有「羅星」出現，是為眾龍穴的水口砂，若見有合於法度的羅星出現，其垣局內之真龍結穴，必定是結大富大貴之地。

《撼龍經》云：

「水中重重生異石。定有羅星當水立。羅星外面有山關。上生下生細尋覓。」

羅星要位於垣局羅城之外，而尖形山峰作祖山的「火星行龍」始有「羅星」在出水口處出現，尖火形星峰作行龍的祖山，楊公稱之為「廉貞」，他在**《撼龍經》**云：**「世人只道貪狼好。不識廉貞是祖宗。貪狼若非廉作祖。為官也不到三公 。」**

「貪狼」是木形聳身的山峰，「廉貞」是尖火形高聳的山峰，行龍有尖火形山峰作穴之祖山，始能蔭發高官。

羅星出現在穴之水口處，是配合火形行龍祖山，顯得穴地級數之大，若羅星出現在穴的前方，在垣局內之明堂上，獨自兀立着，四圍是平地，遠處有群山作為羅城，是名為「抱養瘵」，如果在穴場上看見，主穴之後人會有病眼或墮胎之應。

羅星若出現於羅城水口處，則稱為「玉筍班」，羅城尤如四週的城牆，真龍結穴在垣局羅城之內，羅星把堂局之生氣凝聚着，羅星若出現在羅城關口之間，一般地師稱為「水口山」。

羅星可出現於水與田之間，田中有石脈（即龍之骨脈）相連，形狀粗頑，石焦黑而土堅硬，這是羅星的餘氣，卓立在水邊上，此為之真正典型的羅星，有時候，出現在水邊這些頑石，正是龍脈渡水過對岸的石脈，只有龍脈的石脈，才能渡水而過，石是龍的骨，水是龍的血脈，否則界水止來龍，使脈氣盡止而未能前行也。

豎立的羅星，頂部可以尖或圓，若是平土形或是大圓金形的羅星，可以眠式的臥在水面上，不規則的土形星，為「祿存星」，彎曲波浪形的名「文曲星」，及尖形的名「廉貞星」，這等星多是破碎，頂圓尖腳為「破軍星」，尖破最為害，是凶砂，若垣局內有結穴，主出暴君，只有尖圓、方扁的羅星是得正形，才能出王道之君。

楊公著《撼龍經》——〈破軍〉云：**「關闌之山作水口。必有羅星生水間。大河之山有砥柱，四川之口生灩澦。大孤小孤彭蠡前。采石金山作門戶。更有焦山羅刹石。雖是羅星門不固。此是大尋羅星法。……」**

「四川之口生灩澦。」是指在中國四川省奉節縣東五至十里近瞿塘峽峽口，有巉崖矗立於江中，堆旁水勢湍急，名「灩澦」或「澦堆」，江心突起的巨石，為江中的中流砥柱，地名叫「江巴石」，舊時為長江三峽著名的險灘，於1958年整治航道時被炸平，「江巴石」正正對著白帝城。

筆者繼大師於2012年（壬辰）曾到訪此地，是劉備臨終前將其子劉禪託孤給諸葛亮之地，後靠赤甲山，左右有夾耳，剛好是瞿塘峽峽口前之地，白帝城前之江水寬闊，連綿不絕的流來，江水一過白帝城的左方（青龍方），就是長江最夾窄的瞿塘峽，正是來水闊，去水窄，把白帝城前方的水流生氣關鎖着。

白帝城的來脈由紫陽城向東南方出脈連着白帝城風景旅遊區，後來因為做三峽大壩工程，以致水位上昇，使白帝城風景旅遊區的山丘成為孤島，而且把原址搬高了很多，現在白帝城舊址已經在江底下了。

每年陽曆八月是乾旱期，江水水位很低，到陽曆十月，水位可到達175米高。這「江巴石」為白帝城的擋砂，是真正的「北辰」，鎮鎖着長江的這段水流，是為白帝城而設的天然石案，正收長江逆水之大局。

筆者繼大師量度白帝城的向度，為坐東向西，卯山酉向，是水龍橫龍結穴之地點，逆收長江水氣，相信是諸葛孔明先生所點之地，作為帝皇宮殿的選址，在風水學上，水氣稱為「白氣」，或許是命名為「白帝城」的主要原因。

這應了**《撼龍經》**所說的：**「一個北辰管萬兵。……必是爭天奪國人。……此星乾坤鎮國寶。……水中石山侵上天。……代代武文人過府。英雄猛烈萬人看。……定產男兒統萬兵。」**

在廣西賀州浮山有一陳王祠，起初筆者繼大師於2012年（壬辰）前往勘察，以為是供奉陳姓的王爺，後來始知道是供奉隋末唐初姓陳的一位秀才先生，他自幼聰明好學，雖然滿腹經文，但因出身貧窮，曾三次赴京考試失敗，於是放棄功名，隱居於故鄉浮山，濟人利物，樂善好施，甚得鄉民愛戴，於唐、武德年間（618年 — 626年）無疾而終。

傳說他行善積德成了仙去，後又常顯靈庇護眾鄉民，為了紀念其恩德，鄉民在浮山立了「陳王祠」來祭祀他。筆者繼大師認為這間陳王祠的選址，真是令人驚嘆不已，時下的地師，很少人能夠懂得點這水龍結穴之地了。

這祠建在一個羅星之上，當水稍為退下時，可以看見後方有略突出之潤脈來龍，水漲時，江水把這個羅星的後方潤脈浸着，形成一個兀立在江面上的石丘，此丘位於賀江浮山之處。

賀江古稱「封溪水、封水、賀水、臨賀水」等名，位於中國華南地區，屬於西江左岸支流，幹流流經廣東、廣西兩省，全長352公里，流域面積11599平方公里，是嶺南文化及廣州白話的發源地之一，大大小小的支流很多，賀江經過了賀州市，而賀州市地點位於廣西之東北面，近廣東及湖南邊界，距離桂林市西南約170公里，距離梧州及封開以北約110公里。

賀江經過了賀州市到了賀街鎮，與大寧河在桂嶺江南端由北向南直流而相交，遇着蛇頭嶺、李安寨、檳榔嶺等一帶相連的大山脈所阻隔，賀江江水隨即急轉東流，轉了灣後便是陳王祠的羅星山丘，然後到一地名「大灘」的地方。

陳王祠的羅星山丘，是江中的天然小島，而大灘與陳王祠中間的地區，經多年的沙石沉積而形成了一片沙丘，這唯獨陳王祠的羅星山丘並非堆積而成，乃天生的石丘，兀立在賀江中央。

這段賀街鎮賀江江水流域，由北向南流，與大寧河相交後，突然向東作九十度轉彎，流至百多米後，就是陳王祠的羅星山丘，因為這段直長的賀江江水轉了九十度彎，把江水的衝力減弱，並沒有構成衝煞，陳王祠左右有不高之山丘作夾耳，後方不遠處有一平濶大嶂山脈名「馬安塘」，作為陳王祠的遠方靠山，前面逆收兩江之水，及遠處的蛇頭嶺、磨刀冲、里江水等一帶山脈，兀立江中的陳王祠羅星石丘，正如祠邊的大石上用紅色大字刻上——「中流砥柱」一樣，力挽狂瀾。

陳王祠建在土石丘之頂，整條來龍連至土石丘之羅星，就像一條水中的「飯鏟頭蛇」一樣，充滿白色的靈氣，非常活潑生動，是筆者繼大師生平第一次見到這麼壯觀的水龍，真是大開眼界。

此水龍之來龍是從乙兼辰方而來，祠堂坐卯向酉，可惜向度有些微缺陷，欠缺了一些，未能與來龍配合。此是「羅星」作神廟祠堂的格局，逆收前方所有水氣，收十方之財帛，這陳王祠的土石山丘，關攔賀江上游的水氣，是賀州市及賀街鎮的羅星水口砂是也，這是一個非常典型的例子，值得大家去研究，有機會可到此一遊，若是看得懂，定會大開眼界。

白帝城的小島，有江巴石為石案及擋砂，逆收長江大流逆水，可以為帝王之宮殿，而賀江之浮山羅星，可以為王祠，正是北辰與羅星之間的分別，長江是大江，在比較上，賀江是中江，江的大小，亦是主要分別之原因，宮殿與王祠，全看水流的大小而定，這指水口砂的陽居結穴而言。

若以垣局內所結的陰宅而言，其級數大小亦有分別，「北辰」是水中的大石山，「羅星」是小石山，分別在水口附近出現，我們找到了它們，就可以知道垣局內所結之陰宅穴地的等級，這是風水巒頭上的一大學問，有興趣鑽研此道者，不妨到此地區勘察及研究一下，或許有所得着。

《本篇完》

（卅）何謂「捍門」及「華表」？

繼大師答：風水學上有很多專有名詞，並不容易了解，有需要解釋一下。「捍門」顧名思義，就是守護着門口的山，首先以陰宅祖墳而言，若是真龍結穴，左右必有守護的山脈出現（龍虎二砂），一般龍虎砂山脈的形狀是平長順弓地抱着穴方，方為之有情。

但有些穴地福力雄厚，是大富大貴之地，但憑什麼來說它是大地呢？我們要看它的整條來龍龍身之大小、長短，主脈行龍時其左右守護之山脈有多少，案山、朝山有幾多層來朝，穴上可以看見的明堂有幾多個等等。若出現有三個明堂（三陽堂局），已經是非常罕有了，除這些之外，就是看它是否有「捍門」的砂脈出現。

「捍門」是指穴位正前方的外或內明堂出水口處，左右有豎立的聳身木形或尖頂的火形山峰出現，彼此高度相若，互相對峙，穴上向正前方看去，剛好在正正穴前明堂的左右方，守護着穴場，此能增加穴地之威勢，沒有相當份量的穴地，就不會有「捍門」出現。

「捍門」不一定專指木及火形的豎立山峰，其山丘或山峰的種類繁多，平頂矮丘，左右兩邊平角或是圓角，名為「倉、庫」或「玉屏」之山，半圓頂形山丘為「鼓」，尖形山丘為「旗」，平面圓形山丘可以稱為「日」，平面半月形山丘稱為「月」，高長而尖頂豎立的山峰，可稱為「尖天旗」砂，主出武將，聳高而頂平，左右濶腳，高高矗立的山峰，可稱為「笏」，主出文官。

一般「捍門」之砂，通常會出現在水口之左右兩邊，山丘一高一低，兩峰相連，相連之處要豐滿，不要出現凹陷的坑，此為之真正的「天馬」山，左或右之馬頭，要朝向穴前明堂的中央，或向穴方朝來，這為之朝穴，馬頭不可朝向左右兩旁外側，馬尾亦不可背穴，馬頭不可離開穴方而去，天馬若離穴而去，謂之「砂走」，不顧穴，為之「無情」。

有時水口砂的山形像「龜、蛇、獅、象、飛鳥」，或朝穴前明堂的中央，或朝著穴方，這屬於有情之砂，因為像飛禽走獸之形，故又稱之為「禽星」，它未必一定立於水口兩旁而互相對峙着，可以不規則地出現在水口附近地區。

若水口之左右有高聳山峰矗立，無論是木形或是火形尖峰，兩山峰高聳而對峙，守住城門水口，矗立的山峰，稱之為「華表」，在**《地理人子須知》〈卷五〉—〈砂法〉**

〈華表山〉（乾坤出版社第284頁）云：

「華表者。水口間有奇峰。挺然卓立。或兩山對峙。水從中出。或橫攔高填。窒塞水口者是也。要高聳天表方稱華表之名。水口有此。於內必有大地。賦云。華表捍門居水口。樓台鼓角列羅城。若非立郡遷都。定主為官近帝。」

故「華表」及「禽星」之砂，屬於「捍門」砂之一種，而「華表」砂是專指獨立高聳的山峰，在水口兩旁互相對峙，主出官貴、權力等，由於「華表」有關鎖水口的生氣功能，故亦可發財帛。

在香港維多利亞港的兩岸，香港島之中環國際金融中心商場大廈（IFC 93 層高）及近西九龍隧道出口的天際100大廈（ICC香港觀景台，100層高），這兩幢大廈巍巍高聳，矗立在香港及九龍兩岸，在香港維多利亞港來水口處的兩岸互相對峙，正是人工建造的華表砂，把所有西面及西北面來水水氣關鎖，可惜其位置在中環及西九龍區，有利於中環及西九龍以「西、西北、西南」的地區，尤其是有利於中環、西環地區。

這兩幢人工建造的華表砂大廈，把來水生氣分隔開於兩個地區，灣仔、銅鑼灣、北角、鰂魚涌、筲箕灣等地區的水氣，被此人工華表砂攔截了，使生氣更凝聚於中、上環，在這種情況之下，兩地區顯得貧富更加懸殊。筆者繼大師個人認為，應該在維多利亞港出水口地方的兩旁，鯉魚門三家村及筲箕灣軍營處，各建人工文筆塔，作為出水口的華表砂，這樣，整個維多利亞港內海的生氣，被鯉魚門出水口的人工文筆塔所關鎖着，這樣整體上的香港人都會更加富有，這就是大陽宅風水之改造原理。

這些「捍門」（包括「華表砂」），可分三種，筆者繼大師分析之如下：

（一）　華表山峰出現於穴前內龍虎二砂（左右砂脈）之內側，穴上可見於左右。

（二）　華表山峰出現於穴前龍虎二砂之外側，穴上可見於左右護脈之外，高於前方龍虎護脈，故在穴上除了見到前方左右護脈之外，亦可見華表山的中間部份及頂部。

（三）　穴是橫水局，穴前方遠處雖然有朝山，但如果水流從左倒去右，則兩山峰出現於右方去水口處。若水流從右倒去左，則兩山峰出現於左方去水口處，無論左倒右水，又或右倒左水，穴上可能看不見這些捍門山，但同樣具備有關鎖穴上明堂生氣的功能。

《地理人子須知》〈卷五〉－〈砂法〉〈捍門〉（乾坤出版社第 284 － 285 頁）云：

「捍門山者。水口之間兩山對峙。如門戶之護捍也。有三格。

其一。穴前見之。端居左右如門戶。放入前砂。外洋遠秀朝揖。

其二。江水陽朝。先開捍門。水由門戶中出。洋洋坦夷。來不見源。去不見流。

其三。則水口開闌。開設門戶。水山北逝。此皆大貴格也。

然捍門之砂。最喜成形。如日月旗鼓龜蛇獅象等狀。有九重十二重。捍門者。必結禁穴。一重二重。亦主王侯后妃宰相狀元之貴。若捍門外又有羅星。尤為奇特。經曰。捍門之外有羅星。便作公侯山水斷。」

這段捍門三格，較難理解，筆者繼大師解釋此段之捍門三格如下：

此段之「其一」指「捍門山」出現在穴前方明堂上之左右護脈內側近穴位方，左右的捍門山朝穴，並挨貼後面的「穴前左右護脈」，穴上向前面看，是先見明堂，然後明堂邊處左右出現豎立的捍門山，捍門山後就是左右龍虎護脈，明堂前端中間是出水口，水口外之遠方有高聳朝山作穴之羅城，這樣的格局，非常清貴，是為「捍門第一格」。

其二之「捍門第二格」就是水由穴前出水口流出，來水不見其源頭，去水口不見流出，以穴上所見為準，「捍門山」出現在穴前明堂龍虎二砂之外，遠處有眾多朝山來朝。

其三之「捍門第三格」就是，無論穴前是否出現「三陽堂局」（內明堂、中明堂、外明堂），所有水流從外或中明堂之左或右方而出，在穴前觀看，不見出水口，所有「日月、旗鼓、龜蛇、獅象、華表」等捍門山均出現在水口處，捍門之外又有羅星山丘，穴上均看不見。

若有這等堂局及捍門、羅星，有九重至十二重的捍門山，必結大地禁穴，這「大地禁穴」是指出領導國家之人。有一重二重之捍門山，穴所蔭生的後人，必出王侯、后妃、宰相、狀元等大貴之人。

至於在陽居方面，平房大宅可以建造人工華表，如北京紫禁城天安門外，建有漢代白玉石的「t」形石柱，頂端短橫略尖的向外，略方的向內，在大門口外之左右方，功能是增加其威勢，亦可關鎖內氣。這不單只在陽居門外可建人工華表石柱，亦可建於在陰宅祖墳龍虎砂的前方，其功效相同。

以前中國封建帝制時代，有龍的人工華表石柱，只有帝皇的宮殿始可使用，然後分官階而建做不同的華表石柱，如香港元朗丫髻山鄧氏第一代祖鄧漢黻先生祖墳名穴「玉女拜堂」，由四世祖鄧符協先生點穴造葬，在穴前青龍砂外，建有白色幼長的人工華表石柱，筆者繼大師約於2012年間再去勘察時還在，但華表石柱已被眾多樹木所遮掩着，相信現時（2018年）已經被迫拆除。

現在是民主社會時代，建造有龍的人工華表石柱，已經沒有禁忌，在道觀之內，或在旅遊名勝的建築物內，均可得見，如香港新界屏輋路的雲泉仙觀（艮山坤向）新建的大殿外，左右亦築有仿天安門的龍柱。

古代的風水明師，仿效大自然的桿門華表山峰，用石柱來模仿華表山，建於陽居大門之前，能使富貴及功名利祿增長，其風水造詣高深，值得我們學習，能明白桿門及華表山的原理及用法，均可獲得富貴，筆者繼大師深感大地之妙，風水學之玄微，不是十年八年可以明白，真是「做到老、學到老、學不了」。

《本篇完》

（卅一）現代城市中，建滿高樓大廈，如何找到好風水的陽居？

繼大師答： 這是一個非常廣泛及複雜的問題，有必要由陽居的大範圍說起，首先要選擇國家，然後到城市，找出城市內有地氣的地區，再找出區內的陽居大廈，在一個國家生活，有時是沒法選擇，一切都講求緣份，買房子，要看個人的經濟能力，無財不行，好的風水地，也要有足夠金錢，有明師指點，屋主肯賣，始能買到。首先城市要沒有地震、颱風、龍捲風等自然災害，氣候溫差適宜，又要適合自己生活，這個都是風水以外的事情。

筆者繼大師現提供個人擇地的心得經驗給大家分享如下：

（一）一般山崗龍結作的城市，大部份都建在三面環山，一面臨水的地方，形成一個垣局，城市建於垣局中間的一大片平地上，此為之「藏風聚氣」，中間或有水流經過，或有湖泊出現，在這種環境之下，找出在平地上略高出少許的地方，在下雨時，雨水不會聚積在附近四周圍，這樣才不會受水煞（界水）所傷。

略高出的地脈，大部份都是地氣經過的地方，這是擇地的基本原則。

若整個地方已經被發展起來，建滿大廈的話，我們可觀察馬路上的高低位，在略高出的地方，看看是否有大廈建築物，若有的話，可以打聽一下大廈居住者的入住率如何，通常的結果，是住客穩定，很少人會搬離的，若是搬離，都是偶然一間，或是適逢大廈遇上在「羅盤廿四山坐向的干支年份」才會搬遷，例如大廈坐子向午，這樣適逢「子年」或「午年」才會有人搬離。

（二）在平地上找到了建在地勢略高少許的大廈之後，再勘察它的正面或背面，是否有近的山脈或山峰作靠山，而另一面是平地，遠處是否有山脈環繞，若然本大廈前方的平地已經建滿其他大廈，沒有平地作為本大廈前方的明堂，這個沒有問題，只要大廈的四週馬路及其他所有大廈的方向都是一樣，建築得齊齊整整，這就可以，這關乎國家地區的發展計劃。

（三）再看本大廈的左右方，無論遠或近方，都出現山脈或山峰作龍虎護砂，能夠有這樣的條件，已經非常足夠了。

除了以上三點基本法之外，當然還有很多細緻的地方，否則個個人都是風水師了，我們選擇地方的時候，可以觀看「谷歌」（Google Map）的衛星高空圖，幫助瞭解其地形，無論陽宅或陰墳，若要發財，一定要得水為上，大廈內單位的門口要旺向，窗外前方，遠處或近方，地勢要略為較高，生氣從高的一方，流向低的一方，生氣從窗外入客廳內，若是前方建有大廈，遠景被遮擋着，這個沒有問題，只要方向配合陰陽就可以，或是窗外可以看見流水、湖、江、海、魚塘等，這樣最好，但同樣要方向及方位配合，始能發福。

若是平陽地形所結的城市，如北京的地形，外圍很遠的地方始有山脈出現，在這種地形上，筆者繼大師認為點取地勢略高出少許的地方，左右兩邊的地勢同樣要略高出少許，形成三小塊分開的土地板塊，各板塊之間，無論出現乾流或濕流，這就是界水，取中間的一塊土地，這樣才會有地氣流經的，住在有地氣的地方，始有強壯的生命力。

但是在平坡上的地形，勘察難度是非常高的，除了要明白有地氣流經的道理之外，必須要得明師傳授，風水祖師楊筠松在**《撼龍經》**云：

「高一寸是山。低一寸是水。」

這是尋找有地氣之地方的最佳口訣。

在地勢全部都是平地的時候，遠處及近處都沒有高山，沒有山丘，沒有平坡，這種地勢，就要看水流，這是「平洋龍」結城市都會的地勢，如「上海、合肥、澳洲珀斯、法國巴黎、泰國曼谷」……等地，這種城市全部都是聚結在河水屈曲之處，甚至可以結作為國家的首都。

筆者繼大師簡述平洋地所結的城市原理如下：

（一）河水要源遠流長，眾支流匯入主流，主幹水流「S」形地屈曲流動，帶動流動的地氣，有支流穿插其間，地氣始能凝聚，水流的生氣聚會在一起，然後慢慢散去，生氣凝聚的地方，就是城市的中心。

（二）水流直長或屈曲而來，流到一處，水流突然出現一至兩個作左右潤大短距離的迴轉，然後去水亦有少許屈曲或直去，水流迴轉之處，就是城市的中央，而離開去水方的大海有一定的長度，在水流屈曲處所結的城市，距離大海數十至百公里不等，如巴黎、曼谷及珀斯等城市。據筆者繼大師的經驗，水流屈曲所結的城市，一般很容易遇上豪雨而產生大洪水，以致水浸，在風水上的術語為「犯水煞」。

（三）兩水相交，然後匯入一條主流，屈曲而去，兩水相交夾著中間之地，生氣凝聚，就是城市的中心位置，同樣地，容易犯水煞。

所有大廈全建在以上三種平洋地所結的城市內，當中的範圍，已經生氣凝聚，我們選擇在屈曲水流順弓兜抱着的地區，再用羅盤量度出該地區中合乎向度的大廈，窗外見水流環抱，或迎向來水方，此為之「得水為上」，門口收旺，單位肆正，房屋內成正方形或長方形，房間、廁所、廚房、雜物室、工人房……等，亦復如是。

不過大部份這些地方，都是政府部門的建築物，或是大機構的辦公室，或是豪宅地域，地價比較昂貴，甚至不會出售，有些甚至是神廟的地方，如教堂、廟宇、神廟道觀、佛寺等地，如法國巴黎在斯德島（Ile de la Cite）上的聖母院大教堂（Notre - Dame de Paris），橫收塞納河（Riever Seine）流水，塞納河是流經巴黎市中心的法國第二大河，全長 780 公里，流域面積 7.8 萬平方公里。

有一些鄉村市鎮，建於峽谷內流水兩旁略高出的地方，這稱為「峽谷之地」，容易被水煞所侵，在西藏及藏川等地，多有這種村落，西藏過去曾經發生多次雪崩而造成嚴重傷亡，一連淹沒了十數條村莊，死傷慘重，就是發生在這種「峽谷」邊緣的村落上，故不適宜在此種地形上建屋，但當地人民因窮困落後，生活迫人，不得不在此地方居住，找到好的風水地方，也要金錢，真是無財不行。

不過，大凡風水好的地方，大部份都是經濟發達的國家，相反，風水不好的地方，都是比較貧窮落後的國家，當然會有一些例外情況，如中東沙漠地區，地底有石油，輸出他國賺錢，這是另類的城市也。

但是，當一個國家同時擁有好風水及不好風水的地區時，風水好的地區，會帶動全國的經濟發展，引至不好風水地區的人民也同樣受惠，據筆者繼大師的研究心得，國家首都的選擇，是非常重要的，關乎到國家的存亡，若國家中最好的風水地區，不能成為首都的話，很有可能這最好風水的地區，會出現獨立的情況，或是劃分出來作特區，甚至會歸其他國家管轄。

所以我們選擇好風水的陽居，先要找到好風水的城市，然後到好風水的地域，再來是得到地氣的陽居大廈，由於每一個城市的地形都不一樣，不能一概而論，但最基本的東西，就是陽居大廈不能犯上風水上的「水煞」及「風煞」。

至於陽宅風水受到「風煞」的問題，在山崗龍結城市的地方，多是山環水抱，群山峻嶺圍繞，阻擋着風的侵蝕，但是在平洋地區，一片平地，沒有山丘，如何不受風所吹襲呢？中國古代風水術數家認為，平地有風，風沒有一定的軌跡，所以風會亂吹。

但是，平地若有水流出現，水流會帶動着氣流流動，因此，在水流上空，會有風跟隨着，所以，亂的氣流，一遇到水流，「亂風」便隨水流而去，筆者繼大師得到了平洋地的風水擇地口訣，我們在平地選擇地方建立陽居，以水流旁邊為吉，這心法口訣就是：

「平地以水為靠。」

這當然要配合陽居的向度及收得「逆流流水」，始為大吉，這些以風水擇地的功夫技巧，不是十年八年便能明白的，必須跟隨明師，努力研習，方有可能明白了悟。

《本篇完》

附錄：朱之翰在《地理辨正錄要合璧》的序文——求法艱難

《地理合璧》是集合「《青囊經》、《青囊序》、《青囊奧語》、《天玉經》、《都天寶照經》、《天元五歌》、《天元餘義》、《黃白二氣說》、《雜摘三條》、《歸厚錄》、《蕉窗問答》、《平地元言》、《范氏盤法諸說三條》、《挨星訣》、《七政造命法》、《選擇摘要》、《造命集要》、《選時斗杓》、《造命歌》、《渾天寶鑑》、陽宅得一錄》」於一書。

此《玄空秘本、地理合璧》在清代的嘉慶（1802 年）、道光（1801 年）及光緒（1897 年）等年代均有出版，是較為完整的一本「三元風水理氣書籍」，是為學習三元風水地理必讀的理氣傳承經典，筆者于 2002 年買下由〈集文書局〉于 1994 年出版印行的**《地理合璧》**。

由於筆者繼大師隨恩師　呂克明先生學習風水期間，呂師把他曾在 1964 年寫上一小段註解的**《地理合璧》**影印給我們各同學，呂師註解為：**「張疏**（張心言註疏）**是用易經六十四卦與辨生旺，章、溫是用飛星中五立極審生旺，兩說各不相同，學者切宜注意。」**

最近（2018年），筆者翻查書籍，不意之間，把兩本不同版本的**《地理合璧》**作一比較，除了影印的版本非常清晰，及正版書本印刷模糊不清之外，在細閱之下，發覺正版書上缺了一篇由朱之翰先生所撰寫長達七頁紙的序文—**《地理合璧緣起》**。

其內容頗有份量，值得一讀，亦是撰序文者寫出對風水的心聲，自身受風水的影響，由不信風水，後開始接受，亦曾被風水所誤，然後得風水的助力，繼而得以脱離困難病苦，最後學習風水而得到不少學識。

朱之翰先生于戊戌（1748年，清朝乾隆十三年）所寫的序文**《地理合璧緣起》**內容大致如下：

著序文者朱氏認為，易經源遠流長，合於聖人之道，不出數理之外，符合堪輿之學，自言十六歲時在上海，便認識了懂占卜、星相、風水的朱瑞芳先生，並一同四處前往勘察風水，起初以為是江湖術士之技倆，不甚重視，亦否定他的學理，直至朱瑞芳先生為他自家祖墳（朱之翰祖墳）指點風水並遷改之後始相信。

朱氏自言生不逢時，由於頻經兵災，祖業蕩然無存，生活陷入困境，自從祖墳修遷後，始能自食其力，後用剩餘之積蓄，到北京等待被宣詔職務（時為清乾隆年間），未幾即退休。並自言年紀已經五十多歲，感觸良多，自覺貧病，不久人世，與世無爭。

孰不知祖墳被畫入新租界，迫令遷徙，由於切身關係，不得不起來力爭，又被眾多漢奸用盡各種手法，欺騙威脅。

有人說：「雖然祖墳可保存，但你年紀已大，日後難免被人移動，不如早日遷徙。」

又有人說：「你自從祖墳遷葬於此地方後，漸入佳景，若墳前一經築路，必影響祖墳，可能日後命運坎坷。」

朱氏聽後，茅塞頓開，於是計劃覓地遷葬，他本人對於風水的巒頭形勢略有所知，但在方向方位的三元羅盤理氣上，則未能理解，他認為坊間俗師多，學術未精，其時朱瑞芳老先生已逝，他的卅年老友門生，性格執迷，自衒其術，幾乎被他們所誤，求人不易，真是求人不如求己，朱氏覺得徬徨無助。

朱氏眼見坊間識時務者多，對風水有些知識，但被問及遷葬的事，屢次沒有得到答覆，他於是在書攤舖上搜集風水典籍，於五、六年間，得書二十多本，但偽書居多，多是空談理論。

後得温氏續解的《地理辨正》，又參考《地理錄要》，覺得字字珠璣，為了証明書內之理，其內容有難解的地方，即遠赴蘇杭岳陵、天平、虞山等地作實地勘察，更覆名墓──「金鉤釣穴」，然後他始悟出風水道理，實出自於易經之「河圖洛書」。

朱氏又引說，如周后稷的曾孫公劉遷居別處，並立國於「豳」（豳讀作賓，本意指豳山，又用作古都邑名，也作「邠」，在今陝西彬縣、旬邑縣一帶。）風水學理流傳已久，至秦朝失於戰火，至晉之管輅、郭璞，唐之楊筠松、曾文　等明師，著風水經典，後再流入民間。

朱氏又言「一行禪師」（註一）作滅蠻經，以誤中國風水之正道，偽法由此而起，東西方各國新建築皆符合風水之法則，而中國人反以視為迷信，不能辨別風水為至寶，自誤誤人。

朱氏一再考証各家的風水理氣，如宋代大儒程灝及朱熹各家等易理，其中有不少卓見，元、明各家則沒有聽聞，唯獨朱氏同鄉（華亨）（註二）蔣大鴻先生以天挺之姿態糾正今人風水之學，積四十多年的學問而闡發精微，並註《地理辨正》，深入淺出，剖析無為，蔣氏又恐讀者不明，又著《天元五歌》、《天元餘義》、《歸厚錄》、《古鏡歌》等濟世風水經典。

朱氏又言，有章仲山先生註《地理辨正》直解，温明遠先生續解，于蘭林先生搜集而輯成《地理錄要》，一脈相承，使風水正道現之於世，不為偽法所混淆，有大功德於孝子賢孫。朱氏引用管子所說：

「道也者。小取焉。則小得福。大取焉。則大得福。」

朱氏自言，風水之道，實未能深入得之，但於辛酉年（公元1741年）再次遷葬祖墳後，自身長久之頑疾，日漸減輕，病情已減去八九成，是為**「小取焉。則小得福。」**這皆因得章仲山先生註，温明遠先生續解的《地理辨正》及《地理錄要》的原故，故他將二書合一出版，名為《地理合璧》，使廣為流傳，為君子取用之救世良方，使世上多孝子賢孫，即使有盜賊，亦能潛移默化，君子道長，小人道消，易經之說，不欺騙朱氏也。〈序文完〉

明末清初風水祖師蔣大鴻先生（註三），祖墳曾經三次被風水時師所誤葬，他在**《醒心篇》**（**《相地指迷》**武陵出版社－風水系列76內第87頁）云：

「我喪慈親在早年。誤依偽訣地三遷。一朝忽受真師訣。悟到羲皇一畫先。」

蔣大鴻著**《天元歌》**第一章（**《相地指迷》**武陵出版社－風水系列76內第22頁）云：

「蔣生二十慈親喪。幾度拜人求吉葬。家破皆因買地差。身衰半為尋師浪。幸遇真人無極子。授吾玉函法眼藏。」

蔣氏一生追求風水學問，37虛歲（1652壬辰年）始遇見恩師無極子，然後用了30年時間，對風水始能內外無惑，歷代風水名家，求法艱難，可以此為借鏡。

雖然時代不同，但人性不變，相信類似朱之翰先生及蔣氏的遭遇，現今大有人在，這一切都是講求個人與明師的師徒緣份，這必須要有大福份，才能學習到真正的風水。

繼大師註一：一行禪師作滅蠻經，出於曾求己著**《青囊序》**內，云：**「三才六建雖為妙。得三失五盡為偏。蓋因一行擾外國。遂把五行顛倒編。」**

一行禪師活於唐代683－727年間，是唐、魏州昌樂人，本名張遂，為唐太宗功臣─張公謹之孫，曾有道士伊崇授以《太玄經》，因避開武三思之拉攏，避免牽涉王難之災，張遂至嵩山嵩陽寺剃度為僧。

（武三思649年－707年，並州文水人，今屬山西，女皇武則天的侄子，武周宰相，荊州都督武士彠之孫，武士彠，字信明，隋末唐初官員，是隨李淵在晉陽起兵的功臣，亦是中國唯一的女皇帝武則天的父親，死後諡號魏忠孝王。武三思因密謀廢太子李重俊，卻在重俊之變時被李重俊所殺。）

張遂出家的法號名敬賢，號一行，是金剛照之弟子，金剛照為唐、開元三大士善無畏的弟子（三大士為：善無畏、金剛智、不空），張遂出家後，博覽群經，精通曆算。

開元九年，奉詔改曆，時經七年而成《大衍曆》初稿，是年冬十一月廿五日病逝於新豐，壽四十五虛歲。著有《地理經》、《呼龍經》、《地理訣》、《庫樓經》、《葬律秘密經》、《大衍論》、《金圖地鑑》等書，他又從善無畏大士筆受《大日經》，並作疏，為中國佛教唐代密宗之真言宗祖師。）

繼大師註二：華亭，即現今上海市西南方松江區之張澤鎮，松江區內有華亭湖，現名葉樹鎮。

繼大師註三：**《蔣大鴻祖師略傳》**繼大師撰寫，原作錄於**《風水祖師蔣大鴻史傳》**一書內。

《蔣大鴻略傳》

繼大師

蔣平階字大鴻，原名雯階字馭閎，嗣名許岳，又名旻珂或元珂，號中陽子又名宗陽子，人們稱杜陵夫子，生於明萬曆四十四年丙辰年（公元一六一六年）十二月廿七日辰時，（四柱八字為：丙辰年、辛丑月、癸亥日、丙辰時。）世代住江蘇華亭張澤，今之上海松江區張澤鎮，蔣爾揚之姪，是嘉善縣學生，年少時得其祖父蔣安溪先生教授他風水巒頭功夫。年青時，在幾社（文人讀書聚集之會社）之儒生中很有聲名，常與其文學老師江南名士陳子龍來往，且是深交。

一六四五年，時清軍攻入江蘇三浙之地，卅虛歲的蔣氏，南逃入南明據守之福建，後任兵部司務之職，且升至御史一職。福建在將失守前，因彈劾鄭成功父親鄭芝龍後，棄職離開福建，且遊於八閩之地及大江南北，四十虛歲時還未結婚。（筆者繼大師之恩師呂克明先生生前述及，因為追求風水真道，亦是四十多歲始結婚，呂師謂他很像蔣氏。）蔣氏於平原曠野中遇見無極子，且傳他風水秘法。後定居浙江紹興若耶樵風涇，且著書立說，留傳後世。

晚年來往丹陽，暫居兩地，與人造葬，且傳授風水秘法。

一六七九年己未年，他拒受康熙皇帝征招「博學鴻儒」之舉薦，晚年時，說起他青年時的往事，皆很激動，常緬懷過去的明治時代，是一位愛國的風水地師。

據其弟子姜垚著之《從師隨筆》記載，在一七〇五年，蔣氏九十虛歲高齡時，仍為商姓福主遷葬祖先，他的記錄至一七一四年，至少壽至九十九虛歲，是一位長壽老人。

蔣氏晚年卒於紹興，臨終前囑咐門人弟子要把他葬在紹興若耶樵風涇林家灣與林家匯間自卜之吉穴上，名螺螄吐肉形。

著作有：

《地理辨正注》、《水龍經五卷》（輯訂）、《八極神樞注一卷》、《歸厚錄》、《玉函真義》五篇、（又名《天元五歌》，並包括《醒心篇》一卷在內，又稱《天元餘義》、《古鏡歌》。（另筆者繼大師之恩師 呂克明先生藏有《蔣大鴻洩天機卅六訣》，是張心言地師所撰寫，並傳給他的姪子「張南珍（字雨香）」，此秘本部份曾錄於劉仙舫在一九〇八年戊申年所著之《元空真秘》一書內。）

蔣氏又著有明末朝廷內各政黨鬥爭內幕的《東林始末》一卷（四庫全書存目並宋府志，內述明末東林政黨事情）、《陽宅指南》、《傳家陽宅得一錄》（即《八宅天元賦》）、《平砂玉尺辨偽文》（錄於地理辨正疏內）、《天玉經外傳》、註解無極子著之《洞天秘錄》等。另外之著作達百多卷已失散。

繼大師寫於香港明性洞天
辛巳年仲秋吉日
甲午孟冬補寫
戊戌仲春再修改

《華亭縣志列傳》

蔣平階生平在《葉榭鎮縣誌》有記錄，原錄于《華亭縣志列傳》，現筆者繼大師錄之如下：

蔣平階（蔣大鴻）初名雯階。字大鴻。居張澤鎮。爾揚猶子。嘉善籍諸生。崇禎間。在幾社有聲。乙酉亡去赴閩。唐王授兵部司務。晉御史劾鄭芝龍跋扈。人咸壯之。閩破。服黃冠亡命。假青烏術游齊、魯、轉徙吳越。樂會稽山水。遂止焉卒。遺命葬若耶之樵風涇。平階少從陳忠裕子龍游。詩文詳贍典麗。凡天文、地理、陰陽曆數諸書。洞究無遺。尤諳兵法。時遇權閹。未展所學。晚益精堪輿。著書以傳世。康熙間。有欲以博學鴻詞薦者。大鴻亟止之。好談幾社軼事。感慨跌蕩。涕淚隨之。聞者哀其志焉。弟雯篙。字姬符。諸生。篤於孝友。能文。楊肅、章戩皆重之。平階子無逸。工書畫。卒於廣東。（參宋府志夏內史集蔣氏族譜）

蔣大鴻出生地「華亭 — 張澤」的歷史

繼大師

張澤鎮與葉榭鎮位於上海市西南部松浦大橋南堍，總面積72.54 平方公里，公元前174 年吳王劉濞在葉榭塘東灘設立鹽倉，然後北運廣陵（今揚州），五代十國時期，有葉、謝二姓兩大戶居此經商，因而得名。

明、萬曆年間，董其昌助外婆家興建名「葉家水榭」的豪宅，鄉民以此為標誌，改「謝」為「榭」，將鎮改名為「葉榭」。

蔣大鴻于公元1616 年農曆12 月27 日辰時出生于華亭 — 張澤，蔣大鴻四柱八字是：

丙辰　年　辛丑　月

癸亥　日　丙辰　時

「張澤」歷來有「金張澤」之稱，自唐以來，由村而發展成鎮，在明、嘉靖年間開始興盛，清初　蔣大鴻時代為「華亭」，張澤鎮與鄰鎮葉榭鎮於 2001 年初合併，統稱「葉榭鎮」。歷代人才輩出，出了很多高官及歷史名人，其後蔣大鴻移居紹興若耶蕉風徑，但亦有來往兩地。

《本篇完》

後記

繼大師

自從於1998年開始寫作擇日及風水書籍到現在，轉眼已接近廿年，由《正五行擇日精義》初階、中階、進階、秘法心要、高階及紫白精義初階、高階，可以說是把擇日的整套學問毫不保留地公諸於世，嘔心瀝血，並日以繼夜，勞心勞力，廢盡心血，來完成所有的擇日書籍。

此套擇日書籍，筆者繼大師覺得，不只是為現代人而寫，亦為未來有心學擇日的人而寫，不希望流芳百世，但總希望將中國五術的擇日風水等學問，世代流傳下去，發揚中國五術文化，由於有讀者在閱讀本人的擇日及風水著作書籍後，提出各種不同問題，於是筆者繼大師產生了寫此本《擇日風水問答錄》的動機。

這本書可以說是把本人以前所寫過的擇日書籍作出一個總結，各讀者可依照以下書本的次序，去研究《正五行擇日法》，則必有所成。

閱讀擇日書籍次序如下：

《正五行擇日精義初階》、《正五行擇日精義中階》、《正五行擇日精義進階》《正五行擇日秘法心要》、《正五行擇日精義高階》、《紫白精義全書初階》、《紫白精義全書高階》及《擇日風水問答錄》。

筆者繼大師舊調重彈，在此聲明：

凡使用此套擇日書籍為善者，則福德自享。

凡使用此套擇日書籍為惡者，則惡果自受。

使用此套擇日書籍助人，或利用本套擇日書籍學問內容教授別人而斂財，或使用本套書籍給人擇日而斂財者，所有因果自行負責，與作者繼大師無關。

繼大師寫於香港明性洞天

丁酉年潤六月吉日

《本書完》

榮光園文化中心出版有：

正五行擇日系列：

《正五行擇日精義初階》
《正五行擇日精義中階》

風水巒頭系列：

《龍法精義初階》
《龍法精義高階》

正五行擇日系列：

《正五行擇日精義進階》
《正五行擇日秘法心要》
《紫白精義全書初階》
《紫白精義全書高階》
附《紫白原本錄要》及八宅詳解
《正五行擇日精義高階》（附日課精解）
《擇日風水問答錄》

未出版：

風水巒頭系列：

《砂法精義》（一）
《砂法精義》（二）
《大都會風水秘典》
《大陽居風水秘典》

大地遊踪系列：

《大地墳穴風水》
《風水秘義》
《風水靈穴釋義》
《香港風水穴地》
《中國廟宇風水》
《香港廟宇風水》
《港澳廟宇風水》
《廟宇風水傳奇》
《大地風水遊踪》
《大地風水神異》
《大地風水傳奇》

風水古籍註解系列：

《三元地理辨惑白話真解註譯》
《青烏經暨風水口義釋義註譯》
《管號詩括暨葬書釋義註解》
《管氏指蒙雜錄釋義註解》
《千金賦說文圖解註解》
《雪心賦圖文解義》（全四冊）—註解

風水文章系列：

《風水謬論辨正》

風水明師史傳系列：

《風水祖師蔣大鴻史傳》
《三元易盤風水地師呂克明傳》

正五行擇日教科書系列 — 擇日風水問答錄

出版社 ： 榮光園文化中心 Wing Kwong Yuen Cultural Center
香港新界葵涌大連排道31-45號, 金基工業大廈12字樓D室
Flat D, 12/F, Gold King Industrial Building,
35-41 Tai Lin Pai Road, Kwai Chung, N.T., Hong Kong
電話 ： (852) 6850 1109
電郵 ： wingkwongyuen@gmail.com

發行 ： 香港聯合書刊物流有限公司 SUP Publishing Logistics (HK) Limited
地址 ： 香港新界大埔汀麗路36號中華商務印刷大廈3字樓
3/F, C&C Building, 36 Ting Lai Road, Tai Po, N.T., Hong Kong
電話 ： (852) 2150 2100
電郵 ： info@suplogistics.com.hk
印刷 ： 印象設計印刷有限公司
Idol Design & Printing Co. Ltd.
版次 ： 2018年5月 第一次版

ISBN 978-988-13442-5-0